ドキュメンタリーの語り方

ボトムアップの映像論

遠藤大輔 ◆Daisuke Endo

勁草書房

表紙・扉イラスト／柏木ハルコ

はじめに 「撮り方」から「語り方」へ

　僕は「ビデオジャーナリスト（VJ）」という職業を切り拓いた1人です。
　ビデオジャーナリストは、社会問題などを対象に、映像製作のすべてを個人で行う新しい仕事です。1999年、僕は仲間を集めて「ビデオジャーナリストユニオン（VJU）」という会社を設立し、以来テレビ報道やドキュメンタリー映画製作、インターネットの動画配信などに携わってきました。その中では、自らの方法論をどう確立し、共有していくかが重要な課題でした。従来分業で行われてきたさまざまな作業を1人で行うのは、そう簡単なことではないからです。
　撮影の技術を学べば誰でもビデオジャーナリストになれるわけではありません。街で取材するテレビクルーの姿を見かけた一般の人々は、「映像制作といえば撮影や編集」とイメージしがちです。また、多くの人が、ドキュメンタリーを作るためには、プロのカメラマンや編集マンから「**技術**」を学べばよいと考えていると思います。しかし、それはとんでもない誤解です。目に見えやすい撮影や編集といった技術的な作業は、実は単なる手段だからです。
　業界における映像作りの主体は、むしろ「ディレクター（監督）」です。ディレクターの仕事は、企画やストーリーを作ることです。撮影や編集、仕上げなどもすべてディレクターの指示のもとで行われます。この役割は「技術」と区別し「**制作**」（もしくは「**演出**」）と呼ばれており、映像作りの現場を牽引する立場です。その方法を知らなければ、映像作品は作れません。
　ところが、「制作」の方法論は今まであまり言語化されてきませんでした。なぜなら、ディレクターの仕事術は現場の徒弟的な関係の中で体験的に伝授されてきたからです。学ぶためにはとりあえずAD（アシスタント・ディレクター／助監督）になるというのが、長らく業界の慣例でした。ADの仕事は「ディレクターへの登竜門」とも呼ばれますが、基本的には分業体制の中の小間使いです。

こうした教育方法は、新しく映像制作を学ぼうとする人にとっては非効率です。映像というメディアの性質を知らずに、主体的な方法論の運用はできません。分業を前提とした経験をそのまま個人製作に活かすこともできません。「制作」のADには「技術」を学ぶ機会がないからです。また、大学の課題や卒業制作としてビデオを作る学生の場合、小間使いをする時間はないと思います。

　そこで、本書の原点であるVJUのワークショップでは、第1に「映像とは何か」を体系的に理解させること、第2に「制作」の方法論をきちんと言語化して教えること、第3に「技術」を分業ではなく個人の方法論として伝えることの3点を核として、映像作家を育ててきました。過去の受講生の中には、ビデオジャーナリストになってテレビで活躍した人、ドキュメンタリー映画監督になった人、映画祭で入賞するほどの実力をつけたアマチュアの人もいます。大学の授業にも同じ方法を導入していますが、「目からウロコが落ちた」「映像の見方が変わった」と、はじめて映像作りに触れる学生たちにも好評です。小間使いの経験なしに、短期間で誰もが作品を作れるようになる講座なのです。

　この画期的なカリキュラムの軸になっているのは、「撮り方」でも「つなぎ方」でもありません。本書のタイトルにもあるとおり、映像による**「語り方」**です。つまり、「技術」ではなく「制作」の方法論によって、映像作りの全容を「個人の表現活動」として組み立て直す教育です。映像作家を目指す人は、これを学べば映像メディアを自覚的に運用できます。取材現場の実感をきちんと映像化する、いわばボトムアップの報道を行うための規範も得られます。

　「語り方」を学ぶという発想はメディア・リテラシー（メディアの読み書き能力）にも新たな視点を与えます。「撮り方」「つなぎ方」とは次元の異なる「語り方」を理解できれば、映像メディアに対する批判はより深いものになるでしょう。映像メッセージがあふれる現代において、ドキュメンタリーの「語り方」を知ることは、作り手だけでなくすべての市民が、映像メディアを認識するためのたしかな視座を得ることなのです。本書はこれに正面から取り組んだ、おそらくはじめての入門書です。さあ、ともに新たな地平へ旅立ちましょう。

目次 ドキュメンタリーの語り方
ボトムアップの映像論

はじめに 「撮り方」から「語り方」へ　　i

序章　日本社会とメディア・リテラシーの今 ……………………… 1
　1　テレビ報道の逆相化　　1
　2　映像表現の自律性を求めて〜遠藤大輔の仕事〜　　6
　3　メディア・リテラシーの進展と課題　　16

第1章　映像表現を学ぶ方法 …………………………………………… 21
　1　映像表現の捉え方　　21
　2　映像表現を捉えるフレームワーク　　24

第2章　映像表現の特徴と古典理論 …………………………………… 31
　1　映像表現の言語的性質　　31

第3章　映像と記号 ……………………………………………………… 45
　1　記号論の基礎概念　　45
　2　記号概念で捉える映像　　48

第4章　映像作品のレシを理解する …………………………………… 55
　1　「映画文法」の再解釈　　55
　2　レシの複合化　　71

第5章　映像作品のナラティブとディエジェーズ …………………… 77
　1　物語理論の概念　　77
　2　物語（ナラティブ）の二重性と分析　　82
　3　ディスクールと神話系　　87
　4　ディエジェーズと神話系　　90

第 6 章　ドキュメンタリーの物語構造 ……………………………… 95
1　映像表現とリアリズム　　95
2　現実世界と物語構造　　96
3　ドキュメンタリーの物語構造　　98

第 7 章　逆相化への批判と超克 ………………………………………… 107
1　ディエジェーズの乖離　　107
2　人為的操作　　108
3　報道現場のシミュラークル　　110
4　逆相化への批判　　115

第 8 章　ドキュメンタリーの企画作り〜ボトムアップ報道の第一歩 …… 119
1　企画作りの意義　　119
2　企画作りとは何か　　123
3　ボトムアップ報道のための事前取材　　126
4　ナラティブの想定　　140
5　企画力の育て方　　144

第 9 章　ボトムアップの取材術 ………………………………………… 149
1　取材の準備　　149
2　映像技術の基本　　154
3　映像取材のコツ　　157

第 10 章　ドキュメンタリーの構成 …………………………………… 175
1　素材整理　　175
2　構成　　177
3　編集　　181
4　試写・最終調整　　193

5 公開　194

第11章　ボトムアップ報道の課題と展望 ……………………… 197
　1　発表媒体の実態　197
　2　資金と支援体制　201
　3　教育の場　202

参考文献　207

おわりに　未来の映像メディアのために　209

索引　211

序章　日本社会とメディア・リテラシーの今

1　テレビ報道の逆相化

■テレビの信頼度

　日本人のテレビの視聴時間は1日平均5.1時間で、先進国ではもっとも長いといわれています。また、80カ国以上で行われている世界価値観調査（2005）によれば、テレビに対する信頼度は中国、香港、イラクに次いで世界で4番目に高いという報告もあります。ちなみに最下位はイタリア、オートラリア、アメリカで、先進国のほとんどはマイナスの信頼度を示しています。総じて、日本人はテレビに高く信頼をおき、親しんできたといえるでしょう。

　もっとも、NHK放送文化研究所のデータなどによると、1990年以降高齢者のテレビ視聴時間が延びる一方で、若い世代では視聴時間が減り、その代わりにインターネットの利用時間が伸びています。2009年以降は、広告収入の激減などもあって、「テレビ産業の斜陽化」があちこちで論じられるようになりました。しかしこうして数量化される要素とは別に、テレビの、特に報道分野には重大な亀裂が走っているのではないかと僕は思います。

■エンターテイメント化する報道

　2011年は、東日本大震災と原発事故によって日本社会が大きく揺らぎました。そんな中、「高く信頼されているはずのテレビ」は、はたしてどこまで国民の期待に応えたでしょうか。未曾有の災害に対し、テレビはもちろん速報性をもって対処し、携帯電話がつながらなくなった状況のもと、人々にとっては貴重な情報源の1つであったに違いありません。

　一方で、津波の被害を受けた町を背景にレポーターが「ほんっと〜に面白いね〜」と発言したり、友達を失くした子どもに無遠慮なインタビューをして泣

かせてしまう記者がいたり、首を傾げたくなる場面を流して、批判を受けた番組もありました。阪神淡路大震災のときには神戸市議の林英夫氏が、テレビの報道が当事者以外の人々が安心するための報道になっていると批判していましたが、報道がエンターテイメントになってしまえば、信頼はガタ落ちです。

■発表ジャーナリズム

　また、東日本大震災の原発事故の報道には多くの視聴者が疑念を抱きました。放出されている放射線がどのくらいのレベルなのかについて、テレビはただ「ただちに健康への影響はない」と、政府や東京電力の発言に追随するばかりだったからです。一瞬で終わるレントゲン検査や、せいぜい10時間前後の成層圏フライトを例に出されても、日々蓄積していく放射性物質の影響を推し量ることなどできません。原発事故後のテレビの報道は、人々の不安をむしろ掻き立ててしまったのではないでしょうか。

　こうした日本のマスメディアのあり方は、海外からも批判されています。米紙ニューヨーク・タイムス東京支局長のマーティン・ファクラー氏は、原発報道を「戦前の大本営発表そのものだった」と語っています。その元凶として、ファクラー氏は日本の**記者クラブ制度**の存在を挙げ、情報の寡占や発表ジャーナリズムを招くと断じます。**発表ジャーナリズム**とは、記者クラブにおける政府や行政、企業などが開く記者会見の内容を、そのまま流すような報道の姿勢です。そんな姿勢の記者たちは、情報をもらうために、発表者に服従し、ひいては相手にコントロールされてしまうこともあります。「記者クラブではいちいち取材に行かなくても情報が『向こうからやってくる』ので、足で稼ぐことなく記事が量産できる」（『メディア・リテラシー』井上泰浩）ともいわれています。この一見「便利な」しくみによって、記者たちは情報源（ソース）の意図のまま、大した批判もなく偏った情報を伝えてしまうことになるのです。

　テレビに関していうと、日本の放送法では「不偏不党」の理念が掲げられており、これはもともと戦前の大本営発表への反省から生まれた考え方でした。報道は本来、政府にも、行政にも、特定の企業や集団にもコントロールされてはならないという意味です。しかし、そうした自律性は記者クラブ制度によって、かなり失われているといえるでしょう。

■社会的弱者を追いつめるテレビ

　では、テレビ報道は、無用の長物に成り下がってしまったのでしょうか。もしそうなのであれば、私たちは単にこれを無視して、他の情報源を頼りに暮らしていけばよいという考え方も成り立ちますが、なかなかそうもいきません。前述したように、本来日本人のテレビへの信頼度はとても高いので、間違った見方でもテレビで流されれば、多くの人が信じてしまいます。そのため、報道が社会的弱者を追いつめることさえあるのです。

　2012年5月、1人のお笑い芸人の母親が生活保護を受給しているという週刊誌の記事をきっかけに、「生活保護バッシング」と呼ばれる一連の報道が始まりました。生活保護は、一定の金額以下の収入の人ならば国から支援を受けられるという制度です。貧困に陥った場合誰でも利用できる制度ですが、近親者からの支援があるなら、できれば保護を受けず近親者の支援を受けるよう担当行政は指導してきました。そうした手続き上の慣例から、この芸人の場合「本人に充分に収入があると見込まれるのに、なぜ母親を扶養しなかったのか」と問題視されたのです。

　「成人し独立した世帯を営む人を、近親者が扶養しなければならない」という法律はありませんから、この事実経過は決して違法な行為ではなく、あくまで道義的な批判でしかありません。

　ところが、この事例が紹介されるやいなや、テレビでは芸能人の受給者を次々と探したり、じっさいには数パーセントしかいない不正受給者の問題を針小棒大にとりあげ、生活保護受給それ自体がまるで犯罪であるかのような報道が続きました。

　現実問題としては、日本の生活保護制度は受け取るべき人に行き渡っていないという統計的な事実があります。むしろ、そうでなければホームレス状態の人が生まれるはずはなく、不正受給よりも漏給のほうがはるかに深刻な問題です。こうした現状を鑑みないテレビ報道は、結果的に多くの受給者たちを精神的に追いつめました。貧困世帯や野宿者の支援を行うグループが設置した相談ダイヤルには、次のような声が寄せられたそうです。

・生きてちゃいけないのか、死にたい、苦しい、TVを見るのが怖い。

・近所の人に「受給者はクズ」と言われた。お金のない人は死ぬしかないのか。
・芸能人の生活保護のマスコミ報道がひどく、テレビが見られなくなった。
（『間違いだらけの生活保護バッシング』生活保護問題対策全国会議編）

　元日本テレビ解説委員で法政大学教授の水島宏明氏は、これらの報道姿勢に深刻な「加害性」があると述べています。関わるつもりがなくても、テレビのほうが襲ってくる——。一連の生活保護バッシングは、当事者の人々からすれば一方的な暴力のように思えたことでしょう。2012年9月、全国の法律家やボランティアで組織された生活保護問題対策全国会議は、いくつかのテレビ番組の内容が不公正であるとして、BPO（放送倫理・番組向上機構）の放送倫理検証委員会に対し、審議を要請しています。

■逆相化の本質
　さて、このようなテレビ報道の問題点を、僕は一括して「**逆相化**」と呼んでいます。これは、本来あるべきジャーナリズムに逆行しているという意味です。といっても、組織体制のことを指しているのではなくて、メッセージのあり方の逆行です。歴史的現実として完全無欠の社会というものはなく、政策にも、制度にも、なんらかの不備があって当然だと思います。社会では、必ずすくいとれない問題が出てきます。社会的弱者とは、社会構造の問題点を示す証言者であり、ジャーナリズムはその声なき声を社会化しなければならない、というのが僕の「報道観」です。対して、報道をエンターテイメント化したり、情報源のコメントを垂れ流したり、まして統計的事実さえ踏まえずに社会的弱者を攻撃するなどといった昨今のテレビ報道の姿勢は、まったくそれを担っていないと思うのです。そして、こうした逆相化を、社会全体の力で変える＝順相化していかなければいけないと、僕は常々考えてきました。
　ただし、この問題を考えるとき、単にテレビ報道を否定すればよいとは思いません。テレビの報道によって、議論すべき問題が話題になったり、それがアドボカシー（政策提言）に至った例もたくさんあるからです。
　そもそも、マスメディアがなければ私たちは震災の規模も、原発事故があっ

たことさえ迅速には知りえなかったかもしれないのです。「事実は語られることによってしか事実たりえない」ということもまた真理です。

問題は「どう語られるか」です。テレビ報道で使われる映像は、現実の一部を切り取ったものですが、そこには必ず恣意性が含まれています。私たちが、テレビを通じて事実を知るとき、実は同時になんらかのメッセージを受け取っているということに注意を払わねばなりません。

冒頭で触れた「信頼度」というのは、見方を変えれば「妄信度」と言い換えることもできます。テレビの報道姿勢が偏っている場合に、私たちが情報を鵜呑みにしてしまえば、社会は混乱するばかりでしょう。

■メディア・リテラシーの試み

そんな事態を避けるため、自覚的にメディアと接しようとする試みが「**メディア・リテラシー**」です。「リテラシー」を直訳すると「読み書きの能力」です。メディア・リテラシーとはメディアを批判的に読み解き、作る能力というような意味で使われています。この言葉を初めて日本に紹介したカナダ・オンタリオ州の教科書の冒頭には、次のように書かれています。

> 私たちが接しているマスメディアはいずれも価値観、信条、行為にかんするメッセージを伝えており、さらに経済的諸要素によって形成されている。メディアは長いあいだ、学校カリキュラムの外にあり、その間、社会の非常に多くの領域で支配的な力を発揮するようになり、私たち個々人の意識を左右するまでになっる。この事実を直視するなら、私たちがメディアについての学習を始めようとしていることは何ら驚くべきことではない。むしろ、メディア・スタディズを学校のカリキュラムの一部に位置づけるまでにこれほど長い時間が必要だったことの方が驚きに値する。
> （『メディア・リテラシー　マスメディアを読み解く』カナダ・オンタリオ州教育省編）

この教科書が出版されたのは1989年です。本文ではテレビ、映画、ラジオをはじめ、かなり広範囲のメディアを対象とした構成になっており、詳細では

ないものの、各メディアを理解するための切り口が用意されています。

こうした海外の教育事例や、社会運動にビデオやインターネットを利用する**メディアアクティビスト**たちの存在が知られるようになり、1990年代後半から、日本でもさまざまな自主メディア活動が行われるようになってきました。

今では多くの社会運動の現場でビデオカメラを持つ人がいます。高校や大学の授業でも映像を教える場が大変増えました。動画配信サイトYou Tubeや、生中継のU Streamやニコニコ動画、短文投稿サイトtwitterの普及も、そんな動きに拍車をかけているようです。東日本大震災後は、被災地や原発に関する報道熱が高まり、自主制作のドキュメンタリー映画も数多く公開されました。こうした活動は、テレビ報道の逆相化に対してオルタナティブ（選択可能）な別の視点を与えています。

実は僕自身も、テレビ報道への疑問から映像制作を始めた1人です。個人的な制作活動ののちに、90年代にメディアアクティビストとして活動し、その後ビデオジャーナリストの先駆けの1人になりました。当初は、メディア・リテラシーという言葉も知らず、まったくの暗中模索で始めた映像作りでした。そのおかげか初心者に映像作りを教えることが得意になって、大学で授業を行うまでになりました。いわば、自分自身の活動経験が、メディア・リテラシーの試行錯誤でもあったのです。

2　映像表現の自律性を求めて〜遠藤大輔の仕事〜

■ビデオカメラとの出会い

僕がビデオカメラという道具にはじめて出会ったのは、1987年です。家庭用ビデオカメラが「カメラとデッキ」というスタイルから、片手で持てるサイズにちょうど変わったころでした。それらの商品のメインターゲットになっていたのは、家電業界でいう「パパママ」です。すなわち家庭用ビデオカメラは主に子どもの成長記録用として売り出されたのです。

当時、早稲田大学の学生だった僕は、これを個人表現の道具にできないかと考えました。とりわけ、テレビの独壇場だった映像ジャーナリズムの中に、何か新しい切り口を見出せるのではないかと思ったのです。

実を言えば、映像作りにもともと興味があったわけではありません。『朝日ジャーナル』の愛読者で、将来は新聞記者かルポライターになりたいと思っていました。そんな中で、当時注目されていた三宅島NLP空港問題との出会いが僕にとって転機になったのです。

　1980年代、東京・伊豆七島の1つである三宅島では、プロペラ機専用の空港を拡張する計画が持ち上がりました。それは、単にジェット機が就航できるようにするというだけではなくて、米軍艦載機の夜間離着陸訓練（NLP）を行う機能を持たせるという話だったので、島を挙げての反対運動が起きました。

　戦後の民主主義運動史の中で、イデオロギーを越えた住民運動というのはまだ珍しかったので、サークル仲間を誘ってフィールドワークに出かけました。1987年のことです。ジャーナリスティックな取材活動というより、社会学的な研究に近い感じでした。このときたまたま仲間の1人が小さなビデオカメラを持ってきたのが、映像作りに触れた最初のきっかけです（図表 序-1）。さまざまな立場の人の家を訪問してインタビューをするスタイルでしたが、空港誘致派の住民を訪ねたときに1つの事件が起きました。

　ジェット化による観光誘致の構想を得々と語る中年男性を、僕たちはビデオカメラで撮っていました。そこへ突然奥さんが帰ってきて、夫婦げんかになっ

図表 序-1　1987年ごろ著者が使っていたビデオカメラ

てしまったのです。「あんた、こんなことやって！　ますます村八分みたいになったらどうすんの」。奥さんの言い分はだいたいそんなことでした。当時の三宅島では、親兄弟が反対と賛成に分かれていがみ合うような空気があり、どちらかといえば反対派のほうが優勢でした。だから、誘致派の人たちは追い詰められた気持ちだったのだと思います。後日の取材では、「（カメラを回すのは）誘致派のスパイだろ」と反対派の人に怒鳴られたこともありました。こうした地域を引き裂くような軋轢は、原発やダムの誘致問題では一般的なのだということは後から知りましたが、とにもかくにも、住民たちの抱えたピリピリとした感情がエキセントリックな記録として残ってしまったのです。

　仲間同士でいろいろ議論はありましたが、僕はこのときの映像を１本の作品にまとめて大学内で上映しました。映像のイロハも知らず、今思えばめちゃくちゃな編集でしたが、教室を埋め尽くした学生たちの反応はとてもビビッドで、上映会は盛会に終わりました。このとき、「映像の力はすごいなあ」とはじめて実感したのです。文字や写真では伝わりきらない情感のようなものを、映像ならば伝えられるのではないかと思いました。

　同時に、もう１つの発見がありました。三宅島の問題はテレビでもさかんに報じられていたのですが、どうも報道のニュアンスでは現地で触れた島民たちの複雑な感情が抜け落ちているように感じたのです。NLPの反対・賛成を問う村議選挙のときも、ニュースはただ反対派と誘致派の候補の数と得票数を伝えるだけでした。「数字の問題じゃないだろう」とひどく違和感を覚えました。そして、自分が手にした小さなビデオカメラによって、そんな状況を変えられる日が来るような気がしたのです。

■試行錯誤の10年間
　その後の10年間は試行錯誤の日々でした。自分が何にこだわっているのか、どう学んでいけばよいかもわからなかったからです。インターネットもない時代ですから、映像の仕事についての情報もなかなか得られませんでした。偶然にも学生時代にアルバイトをしていた会社の先輩がビデオ制作をやっていることを知り、ADにしてもらいました。これと並行して、ブライダル撮影の仕事を始めました。業務用のカメラを使った撮影に最初はかなり戸惑いましたが、

2年くらいで慣れて、稼げるようになりました。自主制作の資金は、その稼ぎでまかなっていたのです。

当時の僕は、右も左もわからず、自主制作の体制もどちらかといえばテレビのクルーを参考にしていました。大きな業務用カメラを手に、仲間を募って取材に出向くというスタイルです。次第に、仕事で学んだ技術を活かし、講演録や、イベント記録、旅行記のような作品を難なく作れるようになりました。題材は教科書問題や沖縄戦でしたが、なかなか当初目指したような独自性が見出せません。何より、同じ問題意識を持つ人と出会わず、だんだん考えが行き詰まっていきました。

図表 序-2　「Dear, My Friends——エイズに見るニッポン」

そんな折、1992年にジェンダー研究などで知られる田崎英明さんらのグループと出会い、エイズ問題についての啓発ビデオを作ることになりました。彼らとの共同制作は非常に刺激的でした。アメリカに「ビデオアクティビスト」と名乗る人々がいるということも、そのときはじめて知ったのです。当時はなかなかHIV感染者・AIDS患者の顔出し取材ができなかったことから、ビデオの内容は必然的にビデオアート的な表現に行き着き、映像制作に関してむしろ自由で豊かな発想を得ることができました。

一方、制作体制には疑問を感じるようになりました。この作品「Dear, My Friends」（**図表 序-2**）では、取材内容や分担について合議制のような体制を取っていたのですが、必ずしもうまく機能しませんでした。話し合いは無駄ではないにせよ、結局は誰かが責任を持って判断しなければ、制作は立ち行かないということを痛感したのです。「船頭多くして、船山に登る」の喩えどおりです。

資金も枯渇してしまったので、もう一度1人で始めようと決意しました。そのころ、ちょうど小さな高画質のビデオカメラが発売されたので、業務用の機材はすべて売り払い、1人でどこまでやれるかを考えるようになりました。

■野宿者支援の場へ

　しかし翌1993年、僕は最大の危機に陥りました。バブル経済崩壊の影響で、資金源であった撮影などの仕事が半減してしまったのです。自主制作どころか、家賃を払うにも四苦八苦の状態になりました。「手に職があれば大丈夫」と励ましてくれた先輩はすでに別の仕事に就き、ADで働いていた会社もとっくに映像事業から撤退していました。僕は期せずして、不安定就労者になってしまったのです。稼げるようになるまでの苦労を思い起こしては、悔しさと情けなさに落ち込む日々が続きました。

　そんな辛い年末、僕は友人からもらった1枚のチラシを手に、渋谷の宮下公園に向かいました。その友人とは、現在「自立生活サポートセンター・もやい」の代表理事として知られる稲葉剛さんです。彼は当時「いのけん（渋谷・原宿いのちと権利をかちとる会）」のメンバーとして、渋谷で野宿者の支援活動を行っていました。年末年始は野宿する人々の年越しを支えるため、公園で炊き出しが行われていたのです。僕はカメラも持たず、単に1人のボランティアとしてそこに参加しました。他のスタッフに教わって夜回りをして、野宿の人々とドラム缶の火を囲んで夜を明かし、ビルの谷間に初日の出を拝んだとき、寂しさがすっと消えるような気がしたのです。

　僕は野宿する人々に対してさほど差別感情もなかったのですが、知識もありませんでした。このとき、「人生には努力しても報われないときがある」という真理をはじめて知ったのです。そして、逆境の中でも耐えて生きる人々から大いに勇気をもらいました。

　翌1994年から、「いのけん」は活動拠点を新宿に移し、新宿駅西口地下通路に増え始めた野宿者の支援に取り組みました。2月に段ボールの一斉撤去があったことがきっかけです。その直後に「いのけん」から電話をもらい、「一緒に現場に入って映像で記録を撮ってほしい」といわれて彼らの活動と合流しました。現場には山谷からの支援者も来ていて、半年後には「いのけん」、当事者のグループによる合同支援グループ「新宿連絡会」が結成されました。

■ビデオジャーナリズムへの到達

　このころ、僕はようやく同じ志を持つ人々と出会います。アメリカのパブリ

ックアクセスチャンネルであるペーパータイガーTV の紹介をきっかけに結成された「民衆のメディア連絡会」の人々です。その活動の中心になっていたのは、現在レイバーネット日本の共同代表を務める松原明さんです。後に映画監督となる友人の土屋豊さんと出会ったのもこのときです。

「民衆のメディア連絡会」の活動を通じて、海外にはビデオジャーナリストという職業が生まれていること、日本にもビデオアクティビストがいることを僕は知り、自分の活動にも再び希望を感じられるようになりました。

そして、その夏、はじめて行われた新宿夏祭りの場で披露したのが、「俺たちは人間だ──新宿ホームレスの闘い」という 25 分の作品です。「野宿する人は撮られるのを嫌がっているのではないか」という先入観があって、とてもドキドキしながら発表したのですが、蓋を開ければ拍手喝采でした。それどころか、「なんで俺が映ってないんだよ！」と文句を言う人もいました。「あ、映りたかったんだ！　ごめんね」ということになり、翌 1995 年 3 月から、野宿する人々を主役とする**新宿路上 TV**（第 20 回東京ビデオフェスティバルビデオ活動賞受賞）の活動を始めました（図表 序-3）。

「新宿路上 TV」は、野宿する人々のためのコミュニティテレビです。毎週日曜日に新宿連絡会が行っていた炊き出しの場に大きなテレビを置き、野宿者向けのオリジナルニュース番組を流すという活動です。支援活動の情報や生活上のトピック、人物紹介などのコーナーをニュースマガジン形式に組みました。スタジオは段ボールでできており、そこにスーツ姿の僕が座ってニュースを伝えます。すると「なんだおめえ、あんな格好しやがって！」と誰かが僕を指差してゲラゲラ笑い、あとは「あいつが映ってる」「あれは俺だ見ろよ」というような感じで、ファミリービデオ的に鑑賞されるのです。ちなみに、そのころのキャッチフレーズは「路上をお茶の間に」でした。「新宿路上 TV」は、家族そろってテレビを見るような、世界観を共有する時間をコミュニティにもたらしたのです。

その世界観は社会から疎外された存在である野宿者を軸にし、一般のテレビとは 180 度ひっくり返っています。これを上映することで、炊き出しの前のテレビを中心に当事者・支援者・通行人という同心円状の輪が路上に生まれました。つまりこの活動は、マイノリティのためのテレビがマジョリティを疎外す

図表 序-3 「新宿路上TV」(左)「そこに街があった」(右)

るという、ある種のインスタレーション(空間芸術)でもあったのです。

「新宿路上TV」は、大変注目を浴び、新聞、雑誌、テレビでもとりあげられました。当時の日本におけるビデオアクティビズムを象徴するものとして、今も語り草です。インターネットの普及もあって、現在では映像を使ったさまざまな活動がありますが、野宿者のコミュニティテレビというのは、日本では後にも先にも「新宿路上TV」しかありません。

制作グループの名前は「DROPOUT TV」(ドロップアウト・ティービー)といい、スタッフは3人から多いときで7人くらいいました。すべて路上の支援現場で出会った若者たちで、それぞれが撮影と編集を行い、コーナーを分担しました。仲間たちとビデオづくりを共有し、日々コンテンツを作る試行錯誤の中で、現在に連なるビデオジャーナリストの手法がほぼ確立しました。

この「新宿路上TV」がスタートした翌1996年1月、東京都は「動く歩道建設」の名のもとに、段ボールハウスの一斉撤去にとりかかります。これに伴い、「新宿路上TV」の内容はまるでレジスタンスの地下放送のようになり、警察による支援者への弾圧が起きた翌日に路上で上映するという回もありました。そして、強制撤去当日、僕は西口通路の正面に設置されたバリケードの中央に立ち、迫り来る警備員・機動隊を正面から撮影しました。突入の瞬間、テレビのクルーたちはすべて脇に掃けてしまい、ビデオカメラを持ち正面から強制排除を撮ったのは、僕を含めて数人のフリーランス記者だけでした。

このとき、僕は社会における自分の立ち位置と、自分なりのジャーナリズムのあり方をはっきりと自覚しました。弱い立場にある人々の声なき声を、現場の中から外に向かってボトムアップで伝えよう。一生そういうスタンスで行こ

うと決めました。

■報道の世界へ

　その年末、僕は新たな世界に足を踏み入れることになります。地上波UHF局・東京メトロポリタンテレビジョン（MXTV）が開局し、ビデオジャーナリストの報道を主体とする「東京NEWS」という番組がスタートしたのです。「新宿路上TV」の活動を知っていたMXTVのスタッフから、開局前に「一緒にやりましょう」とお声がけいただきました。長い間、別の仕事で稼ぎながら自主制作をやっていた僕にとっては、願ってもない幸運でした。と同時に、自分がつかんだビデオジャーナリズムの方法論を、多くの分野で試したいという思いもあって、迷わずこの話に乗ったのです。

　東京に生まれ育った僕は、MXTVが掲げていたキャッチフレーズ「東京がふるさとになる」という言葉にとても共感していて、「新宿路上TV」の仲間たちと「東京の再発見」を目指しました。ユニークなアーティストを紹介したり、東京の酒蔵に密着したり、定時制高校の閉鎖に立ち会ったり、ビルマ人コミュニティを定点観測するといった温かい話題のほか、六本木ヘリポートの騒音問題、東京湾の環境問題から河川改修問題に至るまで、全70本にわたる作品を提供したのです。

　その後、残念ながらMXTVじたいの財政問題から外注が切られることになりました。僕はCS日本福祉放送のニュースデスクなどを経て、1999年に**ビデオジャーナリストユニオン（VJU）**を設立、フジテレビ「ニュースJAPAN」や「スーパーニュース」、日本テレビ「きょうの出来事」の特集作りの仕事を始めました。これには、老舗の日本電波ニュース社（NDN）に窓口になっていただき、のちに直接契約の企画も作りました。ビデオジャーナリストは経費を安く抑えられますから、キー局の仕事では資金面でも時間の面でも比較的余裕がありました。僕らにとってボトムアップの報道をさまざまな分野で充分に検証・実践できた時期でした。ダム問題やパレスチナ問題、もちろん野宿者問題も年1本くらいのペースで扱いました。VJUワークショップや、大学の授業を始めたのもこのころです。教育実践の場ができたことで、方法論の体系化も進みました。

図表 序-4 「Dialogue in Palestine」（左）と「長良川河口堰」（きょうの出来事。右）

ただし、テレビの仕事では次から次へと違う話題を追わなければなりませんでした。じっくり腰を据えた作品作りはなかなか叶わず、自主制作作品は、パレスチナ取材の一環で作った短編「Dialogue in Palestine」（2003、東京ビデオフェスティバル 2006 優秀作品賞受賞）だけです（図表 序-4）。

そんな中、2007 年に今までとは少し違うプロジェクトに参加しました。日本テレビ 55 周年記念の連続企画として、NDN が提案した企画が採用され、チームの一員として声をかけられたのです。深刻な医師不足によって進む医療崩壊の状況を追うシリーズで、「ACTION 医療を、救う。」というタイトルがつけられました（図表 序-5）。その中で、僕は麻酔科、小児科、救急医療、産科を担当して、全部で 7 本（総集編含む）の特集を作りました。このシリーズは同じフィールドでの連作なので、現場を重ねるごとに問題への認識が深まり、突っ込んだ取材ができました。また、医療の現場でも手術室などは狭く、多くのスタッフが 1 分 1 秒を争うように作業を行います。そこでは、ビデオジャーナリストならではの、小回りの利く撮影技法が功を奏しました。視聴者の反響も大きく、僕は自分の方法論にたしかな手応えを感じました。

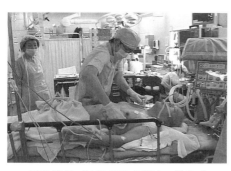

図表 序-5 「ACTION 医療を、救う。」

■動画配信と映画

これらの成果を踏まえ、2008 年以降は新しいプロジェクトを始めました。その軸となった

のは数年間休止していたワークショップの再開です。この間、新たに経験したことや学んだことも加えて、カリキュラムを整理し、いつでも講座が開けるような体制を作りました。また「VJが訊く！」というイベントを企画してオリジナル映像を発表したほか、インターネット上では、再び「路上」に根を下ろした表現活動を行うようになりました。それが「DROPOUT TV ONLINE」です。

2010年1月からスタートした「DROPOUT TV ONLINE」は、かつての「新宿路上TV」のコンセプトを受け継いだ動画配信のプラットホームです。都内の各支援現場を回り、野宿者関連のニュースを配信するとともに、ストリートシンガーや、路上を舞台とするアートシーンなども射程に入れて取材を始め、現在に至ります。参加者はVJUワークショップの参加者や大学の教え子など、特に固定せず流動的です。独立系メディアとしては後発ですが、テレビ放送のクオリティを基準に作っています。また、各現場の動きになるべく沿うように制作しているため、支援現場でも好評です。

この活動で、継続的に追ったのが渋谷区役所駐車場の野宿者排除問題や宮下公園のネーミングライツ問題です。都市の再開発が進む中、渋谷の野宿者たちはいつ追い出されるかもわからない不安定な状態で暮らしていました。そこで、2009年の秋ごろからドキュメンタリー映画の企画を進め、支援者や当事者を含む製作委員会体制で映画を作り始めました。これが、2012年に渋谷アップリンクで公開された「**渋谷ブランニューデイズ**」です。区役所駐車場で野宿する人々を主軸にした作品ですが、VJUに残る膨大な野宿者関連の素材を活かし、野宿者問題の背景や貧困問題のさまざまな局面を描く「ホームレス問題の教科書」のような作品になりました（図表 序-6）。

劇場公開までに3年の月日を費やしましたが、幸い多くの観客の支持を得て、各地で自主上映活動も行われました。この映画をきっかけに現場へ物資が提供されたり、支援の場に足を運ぶ人が増えたり、嬉しい反応も多々ありました。また、反貧困ネットワークの主宰する「貧困ジャーナリズム大賞2012」で、特別賞を授与されました。

しかし、2012年6月、渋谷区は映画の舞台となった区役所駐車場や美竹公園を同時封鎖しました。都内では行政による野宿者排除の動きが改善される望みは薄く、僕たちの闘いは今日も続いています。

図表 序-6 「DROPOUT TV ONLINE」（左）「渋谷ブランニューデイズ」（右）

3　メディア・リテラシーの進展と課題

■メディア・リテラシーの進展

　このように僕はメディアアクティビズムからマスメディアまで、広い領域を歩いてきました。そして、どんなメディアにおいても自分の信じるボトムアップの報道スタイルを貫くよう努力してきました。

　この間、在野のメディアアクティビストたちの動きは多岐に発展し、次第に担い手の層も厚くなりました（図表 序-7）。「OUR PLANET TV」は動画配信で 2011 年以降、被災地や原発事故に関するニュースを精力的に更新しています。生放送を始めたグループもあります。「レイバーネット TV」は、全国の労働者が抱える問題を速報的に伝えるメディアとして関係者から厚い信頼を受けています。2012 年にもっとも目立った動きをしたのは「IWJ」（Independent Web Journal）でしょう。原発再稼動反対を訴える官邸前行動の様子を実況生

中継し、抗議行動の未曾有の規模をリアルタイムで全国に伝えました。こうしたプロジェクトのもとには、少しずつですが新たな担い手も集まり始めています。また、若手の制作者がドキュメンタリー映画を作る例も増えました。その背景には、人文・社会系の大学での映像制作の授業が定着したことや、市民グループの中でメディア・リテラシー教育が行われるようになったこともあると思います。専門学校は技術中心で、放送局は徒弟制ですから、映像の個人制作を学ぶ場が増えたというのは、とてもよいことだと思います。

■メディアアクティビストの限界

ただし今のところ、これらの潮流がテレビ報道に拮抗しうる新たな勢力になれるかどうかは未知数だと思います。さまざまな側面で、日本のメディアアクティビズムはまだまだ脆弱な気がします。社会的認知が進んでいないことや、資金作りの困難など外的条件の問題もありますが、残念ながら

図表 序-7　メディアアクティビストの活動

作品のクオリティがメインストリームに追いついていない点が否めません。これは、機材などハード面の限界ではなくて、ソフト面での限界だと思います。ひと言でいうならば「物語の不在」です。

1つの例として、2008年夏の反G8メディアネットワークの活動を挙げましょう。これは、北海道で行われたG8会議（主要8か国首脳会議）に対し、新自由主義反対などを訴えて全国からたくさんの社会活動家が現地に結集し抗議活動を繰り広げたプロジェクトです。この運動の一番の特徴は、独自のメディア戦略を持っていたことです。札幌市内にメディアセンターを置き、G8関連の

イベントや、抗議のデモ行進などを多くの参加者がビデオに撮り、1両日中に映像をネットにアップロードするという速報性へのチャレンジが行われました。

　現地に行ってまず驚いたのは、その運動規模でした。数百人の活動家が札幌といくつかのキャンプに分かれ、システマティックに運営されており、外国人もたくさん参加していました。その中で、メディア担当の若者たちが運動と深い連携をとって、精力的に活動していたのです。「日本のメディアアクティビズムもついにここまできたか」と、深く感銘を受けました。

　ところが、独自に発信された映像作品の数々を見たときは、少々がっかりしました。毎日同じようなデモの映像があふれているだけで、オリジナリティや主張のはっきりした作品があまりにも少なかったからです。それらの映像からは、そもそもなぜG8に抗議するのか、新自由主義とは具体的に何が問題なのかなど、基本的な運動の趣旨がまるでわかりません。しょせんは運動の中で消費される内部的な情報にすぎず、第三者に訴えるものとは思えませんでした。デモ行進を映した映像には、現地に行けない人々にそれを伝えるという意義はあります。いわば、デモのアピールをより広範に共有する「デモの拡大」です。しかし、なぜ抗議デモをやるのか、問題がどこにあるのかがわからなければ、それを見る人々は映像に共感することができないのでないでしょうか。

　こうした活動内容は、映像の可能性を活かしきっていないと、僕は思います。目の前に起きていることをただ撮っても、映像メッセージは構築できません。多くの人々がいまだ「技術を駆使して事実を伝える」という発想から、抜け出ていないように見えます。その後、U Streamなどのネット生中継が実現、技術的なハードルはどんどん下がっていますが、「物語の不在」の印象は拭えません。

■表現の軽視

　また、新進のドキュメンタリストによる映像作品にも、いろいろ問題があると思います。かつて映画館はフィルム作品しか上映できませんでしたが、最近の独立系の映画館（＝ミニシアター）はほとんどビデオやDVDを上映できます。上映条件のハードルが下がったことで、必ずしもプロではない人が作品を発表できる場ができたという点は、とても歓迎すべきことです。

ただし、劇場やテレビの世界に比べると、ミニシアターは表現についてかなり寛容です。その結果、ラインナップは正直なところ玉石混淆だと思います。中には、カメラをズームのままぐるんぐるん振り回して撮っているような作品や、意味なくショットの長い作品など、生理的な不快感を招いたり、ひどく退屈な印象の作品も少なくありません。こうした作品を作る作家は、技術を自己流に濫用しているのです。

■作品外の評価基準

質の低い表現は、「市民が作っているから」「問題の当事者が作っているから」あるいは「〇〇監督の作品だから」よい作品なのだ、というような評価によって容認されることもあります。しかし、映像作品の価値が作り手の立場によって決まるのであれば、内容の検討は二の次になり、社会を動かすメッセージなどは生まれてこないでしょう。映像作品を作品外の要素によって評価する発想は、内容を吟味する基準のないところに生まれる思考停止なのではないでしょうか。誰が作ろうと、作品の内容が人々の心を、社会を動かせるほうが、ずっと価値のあることだと思います。むしろ、作者とは関わりなく「一人歩き」するような作品こそ、作品と呼べるのではないでしょうか。

■メディア・リテラシーの矮小化

教育面にも大きな陥穽があると思います。それは、メディア・リテラシー概念の矮小化です。先に紹介したカナダ・オンタリオ州の教科書は、制作を行うことを教育の一環として重要だと指摘しながら、こうも書いています。

> メディアの制作活動を最終目標としてはならない。メディア・スタディズの中心はクリティカルな問いかけにあるのだから。それをおろそかにすることはあってはならない。
> (『メディア・リテラシー マスメディアを読み解く』カナダ・オンタリオ州教育省編)

ところが、日本で行われているメディア・リテラシー教育の全体的趨勢は、

「技術」の訓練にあります。つまり、多くの授業や講座が、ビデオカメラや編集ソフトの操作法を中心に教えているのです。主催する側も参加する側も、「技術を手に入れれば、映像作りが理解できる」と思い込んでいます。

「はじめに」でも書きましたが、映像作品の企画制作において、「技術」はあくまでも手段です。「制作」の方法論を欠いた教育は、日本におけるメディア・リテラシー進展のボトルネックになっています。大切なのは「どう撮るか」ではなく「どう語るか」です。

このように、映像ジャーナリズムないしドキュメンタリーの「語り方」は、第1に批判的視座からもっと検討されなければならないし、第2に作る側の姿勢として具体的に意識化されなければならないと僕は思います。

■「語ること」を学ぶ

こうした問題意識のもと、僕は独自のワークショップや授業を通じて、映像作りを志す若者たちに映像の「語り方」を伝えてきました。これは同時に、ボトムアップの報道を実現する道筋でもあります。本書には、それらのカリキュラムを軸としながら、ワークショップや大学の授業で使っている図版や、訓練のためのワークシートも掲載します。できれば、お気に入りの映画やドラマ、あるいはテレビドキュメンタリーを録画したものなどを手元に用意し、分析の対象に使うとよいでしょう。1つ1つのステップを踏みながら、映像作りのあり方やドキュメンタリーを見る視点を理解していってください。

第1章 映像表現を学ぶ方法

1 映像表現の捉え方

■ドキュメンタリーの定義

　最初に本書でいう「**ドキュメンタリー**」という用語について、簡単に定義しておきます。世の中には「ドキュメンタリーなんてテレビでしか見ない」という人もいれば、「劇場公開されるドキュメンタリーこそ本物だ」という人もいます。けれども、この本ではそうした発表媒体の違いを基本的に考慮しません。若干傾向の違いは見られるものの、表現様式にはっきりした区別はないからです。そこで本書では、ニュース以外の「事実を題材に語られた映像作品」は、すべてドキュメンタリーという語で扱うことにします。また、「**映像ジャーナリズム**」の語を使用するときは、ニュースとドキュメンタリーの両方を指すと思ってください。

　ただし、一足飛びにドキュメンタリーを解説するのは困難です。日常的に使われる言葉でできた新聞・雑誌とは違い、ドキュメンタリーでは映像を中心に音声・文字などの複数の表現要素で複雑に構築されているからです。

■映像を研究するということ

　特に、映像表現は時間軸に沿って流れ去っていくものですから、これを理論的に捉えるのは、なかなか難しいことです。観客は映像作品を見た結果としての印象を受け取るだけで、どのように作られているかまで必ずしも考えません。実は、映像作家も多かれ少なかれ感覚的です。先輩やプロデューサーの意見を基準に「オン・ザ・ジョブトレーニング」で作品作りを覚えた人は、経験則として映像作りを捉えるので、必ずしも論理的に考えて作業をしているとはかぎらないのです。映像ジャーナリズムやドキュメンタリーの批評においても「人

権感覚」「正義感」「センス」などの主観的な言葉が多く使われます。

こうした曖昧な議論にメスを入れなければ、ドキュメンタリーをきちんと捉えることはできません。問題を主観や経験からいったん切り離し、学問的な方法で捉えなおしていく作業が必要なのです。外国語を学ぶとき、一度母国語に翻訳し、それを頼りに学び始めるプロセスと似た作業です。

■「語り方」をどう学ぶか

では、これらの作業のため、私たちはどのような学問分野に学べばよいでしょう。映像を批判的に見るという立場から、まず目に付くのは「メディア・リテラシー」の語を冠した本の数々です。ただしこれらの中には、単なる撮影や編集の技法書にすぎないものもあります。初心者にとって、これらは映像技術の「辞書」にはなるのですが、「語り方」については書かれていません。外国語の辞書だけ持っていても、その言葉を学べないのと同じです。

「メディア論」とか「マスコミ論」と題されたものも目立ちます。しかし、これらはマスメディアの組織構造や視聴行動、マーケティングに言及するマクロの学問です。個別の表現に立ち入るものではありません。

また「ジャーナリズム論」と題されたものには、活字媒体を前提として書かれたものだと映像表現に手が届きません。広義のジャーナリズム論の範疇では、ジャーナリストや映像作家の経験が書かれているものもありますが、これらは、あくまで主観的な「論」であって体系的な「学」ではありません。

上記のような書籍を広義には「メディア・リテラシーの本」と呼んでも間違いではありません。ただし、ドキュメンタリーにおける映像表現の自律性を捉えるにはどうしても限界があります。

■ジャーナリズム研究から映像表現研究へ

そこで、まず私たちは映像ジャーナリズムをめぐる諸問題から枝葉末節の技術論や「報道」という社会的な機能の要素をいったん切り離し、映像表現そのものを見る視点に立たなければならないでしょう。これは、ジャーナリズムの1つとしてドキュメンタリーを見るのではなく、劇映画をはじめとするさまざまな映像ジャンルの1つとして位置づけるよう発想を転換することを意味しま

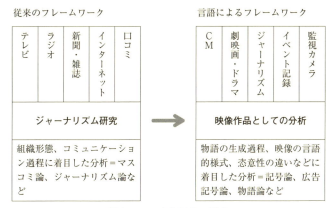

図表 1-1　映像研究の視座

す。回りくどいように思われるかもしれませんが、そもそも映像表現とは何なのかを、きちんと理解することから始めなければなりません（図表 1-1）。

　そう考えると、参考にすべき学問分野がはっきりと定まります。それは、いわゆる「**映画理論**」です。映画理論は当初映像作家の方法論として書かれ、その後、現象学、心理学、記号学などのアプローチが積み重なって形成されました。独立した学問ではなく、積み重なった学際的な研究の総称として「映画理論」と呼ばれています。

　十数年前、僕はこれらの分析方法を論理的に敷衍させれば、ドキュメンタリーの理解や、映像ジャーナリズムの問題解決にも十分適用できることに気づきました。以来、自分の制作経験と逐次参照しながら教育カリキュラムの構築を進め、VJU ワークショップや大学の授業で利用しています。もちろん、報道関係の映像制作における自律的報道の基準でもあります。本書でも、映画理論の中から重要なエッセンスを適宜採り入れながら、映像とは何か、ドキュメンタリーとは何かを、できるだけわかりやすく解説していきたいと思います。

2　映像表現を捉えるフレームワーク

(1) 物語構造

■映像作品と物語

　まずご紹介したいのは、映像作品を**物語**として見るという考え方です。初期は戯曲や小説などから題材を得たり、それらを模倣することによって自然発生的に物語が形成されたと考えられますが、現在多くの映像作品は物語的な構造を持っています。そして、物語的な構造を軸に映像作品を見ていくと、さまざまなジャンルの映像作品を共通の枠組みで捉えることができます。ドキュメンタリーも例外ではありません。

　この考え方のもととなっているのは、**記号論**から派生した**物語理論**（物語学／ナラトロジー）という学問分野で、映画理論を支える理論の１つです。物語理論の研究の対象は、本来口述された伝承や文学ですが、映像作品の分析や制作にも応用することができます。「スター・ウォーズ」の監督ジョージ・ルーカスも、物語作りにあたって、神話学者のジョセフ・キャンベルに学んだそうですが、今ではハリウッド映画の企画検討にも、物語理論が応用されています。

　物語理論は、映像作品の批評から企画作りに至るまで、共通の軸を与えるおそらく唯一の考え方であり、今後のメディア・リテラシーの進展にとっても重要なポイントの１つです。本書でも、物語理論の示すさまざまな概念の中から、映像作品の分析や制作に役立つものを選んで、話を進めていきたいと思います。

■物語を形にする３つの次元

　まず、物語理論が設定した**物語構造**の基本的なモデルを見てみましょう。このモデルでは、一般的には「１つの筋道」としてしか認識されていない「物語」が、実は以下の３つの次元が積み重なった重層的なメッセージとして機能していることを示します（図表 **1-2**）。

　①**レシ**（物語言表）＝表象の言葉や文法などの次元

物語学の基礎概念	文学などの物語構造	映像メッセージの物語構造
ディエジェーズ（物語世界）	時間的・空間的設定、もしくは現出される世界観	
ナラティブ（物語叙述）	筋書きや章立て	シークエンスの生成とその展開
レシ（物語言表）	文字や単語を文法によって順列化	映像＝デクパージュ＋モンタージュで順列化
		文字＝不確定な意味の補足〈投錨〉
		音声＝〈投錨〉および展開の補足〈中継〉＊

＊BGMやSE（効果音）による心理的効果は〈投錨〉機能に含まれると考えられる

図表1-2　物語構造

②ナラティブ（物語叙述）＝エピソードを並べる恣意の次元
③ディエジェーズ（物語世界）＝物語が形成する世界観と神話の次元

　このモデルに示された次元のうち、実際に目に見えるのは①のレシの次元だけです。しかし、物語が語られるとき、作者の意図は目に見えない②のナラティブの次元に反映されています。また、重要な作品のテーマは③のディエジェーズの次元で作用します。この捉え方を映像作品に適用すると、今まで印象論で語られてきた映像作品の意図や社会的影響を、理論的に捉えることが可能になるのです。それぞれの次元についてもう少し詳しく解説しましょう。

■レシ（物語言表）
　レシの次元とは、書物であれば書かれた文字や単語と、それを並べる文法などの諸要素を指します。文字や単語は各々の文化によって使われるものが違いますが、その総体は**パラダイム**（範列）と呼ばれます。例えば、英語ならば使われるパラダイムはアルファベット26文字ですから、その集合が文字のパラダイムになります。単語の数はおよそ38,000語で、その集合が単語のパラダイムです。単語を並べて意味を作り出す文法は、**サンタグム**（統辞）と呼ばれます。言語学では、あらゆる一般言語はパラダイムとサンタグムによって形成されると考えられています。
　映像作品にも似た方法論があります。これは、一般的に「映画文法」と呼ばれています。ナレーションやテロップもレシの一部ですが、重要なのはこれらの文字情報に依拠しないところで、映像そのものが言語的な性質を持つという

点です。

■ナラティブ（物語叙述）

　ナラティブは、さまざまなエピソードを取捨選択して並べる、その並べ方を指します。物語における場面は必ずしも時系列ではありません。時制的にはもっとも新しい場面を最初に持ってきたり、ある場面からさらに過去の場面にさかのぼったりという語り方は、文学のみならず映像作品にも多く見られることです。そして、並べ方によって物語の印象には大きな違いが生まれ、最終的なメッセージの意味に影響を与えます。

　映像作品におけるナラティブは、観客にとっては「流れ去る経験」でしかありません。しかし、製作段階では劇映画の脚本やドキュメンタリーの構成（構成台本・構成原稿）として、ナラティブはある程度明文化されています。

　そして、ナラティブはさらに「**イストワール（物語内容）**」「**ディスクール（物語言説）**」の２層に分けて捉えられます。イストワールとは、エピソードの具体的な流れを指し、ディスクールは、そこに込められた作者の意図です。つまり、ナラティブの次元を考察すれば、映像作品が「どのように語られているのか」が明確になります。

　なお、『映画理論講義』（J.オーモン著、勁草書房）によれば、「物語叙述」の原語は「ナラシオン」となっていますが、日本では「ナラティブ」の語のほうがよく知られているので、本書では「ナラティブ」と記載します。

■ディエジェーズ（物語世界）

　ディエジェーズの語はもともと映画用語で「画面外世界」を指します。「観客がカメラで撮っているセットの外側に想像する（本当は存在しない）世界」のことです。物語構造の次元としては、「物語によって生まれる世界観」と捉えればよいでしょう。例えば、「スター・ウォーズ」の物語は、部分的に組まれたセットや、ミニチュア、CGなどで構築されていますが、観客は「ある時代の宇宙空間」を想像しながら楽しみますね。ディエジェーズとは、物語が作り出す秩序だった想像上の時空間なのです。

　ただし、ディエジェーズは単に物語の背景を示すだけではありません。ディ

エジェーズを秩序づけるのは、現実の私たちの社会から投影された価値観だからです。逆にいうと、ディエジェーズとは価値観が投じられる場として作用します。その価値観が、いわゆる「テーマ」であり、作品全体のメッセージです。

こうしたメッセージのことを、文化人類学や記号論者は「**神話（myth）**」という概念で説明します。この概念はさまざまな次元で用いられるので、ディエジェーズを秩序だてるような大枠の神話のことを、J.フィスクとJ.ハートレーの著作『テレビを〈読む〉』（未來社）に従って、「**神話系**」と呼ぶことにしましょう。神話系は、ギリシャ神話や日本の国生み神話などの具体的な神話の物語を指すのではありません。「勧善懲悪」「因果応報」といった古典的な因果律や、なんらかの事象に対する価値観、あるいは文化的規範を指します。

例えば、シェークスピアの戯曲「ロミオとジュリエット」の物語は、「家柄や社会的競争よりも恋愛のほうが尊い」という神話系を投げかけています。宮崎駿のアニメ「風の谷のナウシカ」は、まったく架空の世界を描きながら、「人間と自然の共生」という神話系をわれわれの世界観に投げかけました。

そして、映像ジャーナリズムやドキュメンタリーの場合、ディエジェーズは再構成された現実世界であり、メッセージの作用は直接社会に関わるものとなります。その点で、ディエジェーズや神話系の考察は非常に重要です。

つまり、映像作品が「何について語っているか」を知ることは、神話系を読み解くことにほかなりません。

(2) 映像作品における物語構造

■映像のジャンルと物語

このように物語構造を重層的に捉えなおすと、今まで曖昧にしか捉えられなかった映像作品の見えにくい側面がよく見えてきます。物語構造の理解は、映像作品の批評の視座としても、制作を考える枠組みとしても、大変重要です。では、こうした物語構造は実際の映像表現において、どのように活かされ、作用しているのでしょうか。

社会的機能を担った映像伝達の方法として、もっとも原始的でシンプルなのは監視カメラです。銀行のATMやコンビニエンスストアの警備のほか、昨今では社会全体のセキュリティの道具としてかなり日常的な存在ですが、その記

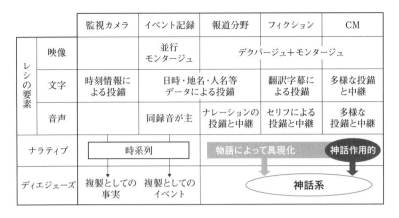

図表 1-3　物語構造とジャンル

録は犯罪捜査や訴訟などの証拠となるわけですから、撮影による演出は許されません。レンズの前になんらかのドラマが起こるとしても、カメラはドラマ作りに介在しないのです。したがって、監視カメラには物語構造を伴うメッセージは存在しません。

　また、イベント記録（国会中継・音楽ライブ・スポーツ中継・ブライダル等）におけるドラマも、映像によって作られるものではありません。物語の展開を担うのは対象となるイベントの企画運営者であり、映像による物語構築はカメラの切り替えなどの技術的作業に限定されます。

　こうした記録分野の映像作りとは異なり、映像ジャーナリズムやドキュメンタリーには確たる物語構造があります。映像記録はまず「イベントありき」ですが、映像ジャーナリズムやドキュメンタリーでは取材の対象を選び取ることや、物語の展開を作っていくプロセスが存在するからです。

　さらに、テレビドラマや劇映画では、作るプロセスだけではなく対象となるエピソードそのものを物語構造が作ります。CMは個々のショットの持つ象徴性が強く作用する傾向がありますが、物語構造を持つものもあります。

　中間的な分野としては、ミュージックビデオ（プロモーションビデオ／PV）があります。音声は楽曲そのものであり、長さも楽曲の尺に準じますが、画面

上になんらかの物語を構築する作り方も多いので、これは記録と劇映画の両方にまたがるジャンルだといえるでしょう（図表1-3）。

このように、物語構造を軸に考えると、ジャンルによって映像によるメッセージの強さ、すなわち恣意性に違いがあることがわかります。とりわけ、記録分野と映像ジャーナリズムの境界が物語構造の有無にあるという点は、非常に重要です。

■ 物語構造と分業

物語構造の重層性は、従来の映像製作における分業体制とも一致します。映像作品においてレシの次元を担うのは、カメラマン、照明係、音声係、編集マンなどの技術者です。ナラティブの次元を担うのは制作者としてのディレクター（監督）や脚本家です。ディエジェーズの次元には企画者としてのプロデューサーが大きな役割をはたしています。

こうした見方をすると、ビデオジャーナリストや個人の映像製作が実に大変なことだということもわかります。個人で映像作品を作るということは、自ら物語構造を作ることを意味するからです。撮影や編集の技術はレシの次元だけに位置します。「技術的訓練だけでは映像作品は作れない」と僕が主張する理由は、ここにあります。映像表現を理論的に批判したり、自律的な制作を行うためには、見えやすいレシだけではなくて、見えにくいナラティブやディエジェーズをしっかり捉えていかなければなりません。そこには、従来の批評や製作体制とは一線を画す新たな可能性があります。

■ 分業から統合へ

組織的な点でいうと、従来の分業体制では図表 **1-4** の上から下へとインセンティブが働きがちです。実務上、技術者よりも制作者が、制作者よりもプロデューサーのほうが強い権限を持つためです。これはいわば、トップダウンの体制です。大きな製作プロジェクトほど人手がかかりますから、こうした分業体制そのものが必ずしも問題だとは思いません。ただし、テレビ報道の製作体制では、取材現場の実情がしばしばトップダウンの圧力によって歪められたり、現状を把握しない状態で企画が作られたりすることがあると僕は考えています。

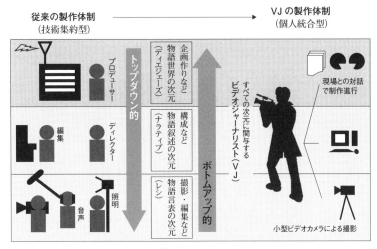

図表 1-4　物語構造とビデオジャーナリズム

　僕がビデオジャーナリストという職業スタイルにこだわってきた理由も、まさにそこにあります。ドキュメンタリーを構築する物語構造のすべてに責任を持って関与することが、そうした問題を打開するもっとも有効な方法の１つだからです。つまり、**ボトムアップの報道**を行う姿勢とは、取材現場の情勢に根ざし、物語構造を自覚的に運用することにほかなりません。

　これは単に映像ジャーナリズムやドキュメンタリーが孕む問題を打開するというだけではなくて、映像という手段が個人的に利用される時代の、新たな前提になるべきことだと、僕は思っています。

　第２章からは、ここで示したレシ、ナラティブ、ディエジェーズの各次元が、映像作品をどのように構築していくのかについて、さらに具体的に述べていくことにしましょう。

第2章 映像表現の特徴と古典理論

1 映像表現の言語的性質

(1) 映像表現の意識化

■見えにくいショット

　この章では、第1章で示した物語構造のモデルにおけるレシの次元の、特に映像表現について分析の方法を説明します。本書で「映像」という語を使う場合は、音声や文字情報を含まない「動画の連なり」を示します。映像表現はもともとサイレント映画から生まれていますから、そんなイメージで捉えてください。

　さて、近年映像制作のための道具は非常にコンパクトになり、今やビデオカメラどころか、携帯電話さえあれば動画を撮れる環境になりました。しかしながら、映像表現に対する一般の理解は必ずしも進んでいるようにはみえません。本来、映像制作の作業は大変複雑でありかつ時間もかかるものですが、機材が手軽になったことで、デジタルカメラのシャッターを押す感覚の延長で、映像作品もなんとなく気楽に作れるものと考えている人が多いように感じます。

　こうした傾向の要因と考えられるのが、映像表現の構造が見えにくい点です。動画は一般に、「静止画に動きが与えられたもの」と解釈されがちですが、単なる動画クリップと映像作品の間には大きな隔たりがあります。

　散漫に撮られた動画クリップをただ収集しても、映像作品として見られるものを構築することはできません。また、一般的な映像作品は、連続した長い動画でできているのではありません。まったく不規則な動画クリップが連続しているわけでもありません。映像の1コマはビデオであれば1/30秒の静止画で、それが連続することによって動いているように見えます。通常、1つの動画ク

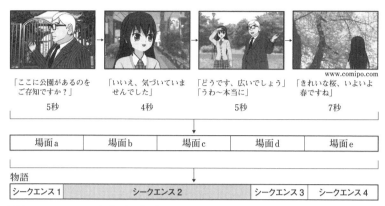

図表 2-1　ショットと場面と物語　映像は持続するショットの組み合わせで作られる。

リップは数秒〜十数秒程度持続したあと、別のクリップに切り替わります。それらのクリップのことを**ショット**といいます。複数の動画のショットを組み合わせることで場面が作られ、その場面が連なって**シークエンス**（意味のまとまり）を構築し、最終的に1つの物語になります。これが、映像作品における表現の構造です（図表 2-1）。

しかし、その最小単位であるショットの切り替えは、編集のテクニックによって、自然に、連続して見えるように行われているため、多くの人はこれをまったく意識せずに映像作品を見ています。映画やテレビの視聴に慣れている現代の人々は、ほとんどの場合メッセージの内容、つまり誰が何を言っているかとか、出演者の衣装やアクションに見とれる、物語の筋を追う、といったものに意識が向き、こうした表現のあり方には気づいていません。

明らかに人為的な操作を伴った表現であるにもかかわらず、意識されにくいというのは、見る側が映像特有の表現を通じた認識に「**訓化**」しているからだと考えられます。「訓化」とは脳科学の用語で、例えば「階段を登る」という動作を無意識に行わせる脳の機能をいいます。子どものころ、はじめて階段を登ったとき、人は誰もが「イチ、ニ、イチ、ニ」と、足を片方ずつ意識して動かしていたはずです。「階段」という装置も人工的なもので、自然界にあるものではありません。しかし、こうした動作を繰り返すことによって、「考える」という意識的な領域を経ずともその運動パターンが可能になり、両脚の運動機

能の一部のようになります。これはいわば「動作」の身体化ともいえる現象ですが、同じことが「認識」の領域で起きているのではないかと推測できます。

したがって、映像表現を分析するためには、まずショットを意識化しなければなりません。

■ショット分析の方法

その方法はいたって簡単です。まずは**図表2-2**をA4サイズくらいの紙に何枚か拡大コピーしてください。次に、手持ちのビデオソフトかDVD、もしくはテレビの録画データから、1分程度の任意の場面を選びます。特にジャンルは問いません。あとは、ビデオやDVDプレイヤーの再生／コマ送り機能を使って、ショットの切れ目をたしかめ、まずはショットの**ナンバーと秒数**を記入してみてください。集中するためには、音を消して見た方がよいでしょう。表のその他の項目は、この章の説明に従ってだんだんに埋めていくことにします。

一般的なニュース映像であれば、1分間に平均5秒くらいのショットが、10数個あると思いますが、これはジャンルによって多少傾向が異なりますので、いくつか違うジャンルで試して比較してみるのもよいでしょう。

この作業によって、映像作品を漫然と見ているだけでは気がつかないショットの存在を、簡単に確認できると思います。これが映像分析の第一歩です。

(2) 映像表現の構造

■ショットとそのつながりを比較する

こうして意識化したショットの1つ1つをよく観察して比べると、対象を切り取る範囲がいろいろあると思います。例えば、あるショットでは人物の全身が映っているけれども、次のショットでは人物の顔が大きく映し出されるというような感じです。このショットの違いが、25頁で述べた「映像のレシにおけるパラダイム」の1つで、古典的には「**ショットサイズ**」と呼びます。

次に、ショット同士のつながりを比べてください。例えば、同じ人物の連続する動作が複数のショットのつながりでできていたり、あるイメージを示すためにいくつかの似たようなショットのつながりで示されていたりすると思います。これが「映像のレシにおけるサンタグム」で、そのつなげ方のことを「**モ**

作品名「　　　　　　　」　タイムコード　：　：　：　-　：　：　：

No.	内容	デクパージュ	アングル	カメラワーク	秒数	モンタージュ	話法

図表 2-2　ショット分析表

ンタージュ」と呼びます。

　すごく単純に言うと映像作品のレシの特徴は、この「ショットサイズ」と「モンタージュ」が縦軸と横軸のように組み合わさっているという点にあり、これが一般的に**「映画文法」**と呼ばれるものです。これは、いつどのように成立したのでしょうか。

(3) 初期の映画

■動画の発明

　映画の原初的形態は、写真技術の発達と動画の原理の発見にありました。トーマス・エジソンは1893年に覗き込む方式の映写機キネトスコープを発表し、細かく動作を分解した静止画を連続で見ることによって、それが動いて見えることを多くの人々に知らしめました。この効果は、かつては残像現象として説明されていました。残像とは、目に映った光の刺激がしばらく残るように見えることですが、強い光を受けなければ残像は発生しないため、この説は否定されています。現在は、これに代わってφ（ファイ）現象という視覚認識の補完の仕組みが、動画を成り立たせているといわれています。視覚認識は視界の中で視点のめまぐるしい動きによって行われ、視点の届かない部分の像は脳がこれを補完していることが、研究によって明らかになりました。物理的には断続する静止画が動画に見えるのも、この脳の補完作用によるものだと考えられています。つまり、動画が成り立つのは、視覚によってだけではなく、脳の働きによります。

■リュミエール兄弟の映画

　キネトスコープの原理を投射方式にしたのが、**リュミエール兄弟**らが作った映画装置シネマトグラフでした。これによって、人々は日常的な視覚経験に近い形で動画を鑑賞できるようになりましたが、当時の映画の手法はいたってシンプルなものでした（図表**2-3**）。

　「ル・シオタ駅への列車の到着」をはじめとするリュミエール兄弟の映画は、現在でいえば単なる動画クリップであり、対象に向けてカメラを据え、ただその動きを撮っただけのものです。もっとも構図はしっかりと決めて、出演者に

図表2-3　リュミエール兄弟の映画

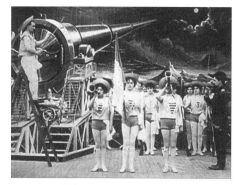

図表2-4　メリエスの映画

も演技を促していたといいますから、単なる記録ではなく意図のある作品であったと考えられています。いわば「1場面＝1ショット＝1作品」といったスタイルです。

近年、このようなスタイルをとる撮影は、監視カメラによる記録動画以外にはあまり例がありませんでしたが、YouTubeなどの動画投稿サイトが普及してから、多くの市民たちがこれと似たような膨大な動画クリップをネット上にアップロードしていますね。「列車」については鉄道マニアたちが各国・各地の、まさに列車の到着や出発場面をカメラに収めて投稿しています。また、犬や猫、ウサギなどのペットを飼う人たちは、折に触れて「かわいいわが子」にカメラを向け、食事風景や外で遊ぶ姿、寝姿などを撮っては、日々せっせと投稿しています。映像制作の方法を知らない人々が、カメラを手に原初的手法で映像を作っているのです。

こうした動画クリップは珍しい、かわいい、あるいは希少なものを見る体験を共有する新しいコミュニケーションツールといえるでしょう。ただし、同じ趣味を持つ人々にとっては価値ある記録として共有されますが、不特定多数に対する確たるメッセージの発信にはなりにくいという性質があります。

■動画クリップによる伝達の限界

例えば、2011年に「福島原発事故後に生まれたウサギ」と題する動画がネット上に投稿され、大反響を巻き起こしました。これは、ウサギ小屋の中にひ

しめくウサギたちの中に、1匹だけ耳のないウサギがいるという動画です。耳のないウサギがたしかにいるという事実以外、ほかにはなんの情報もなく、この動画のコメント欄では大きな論争が起きました。突然変異によるものなのか、病気なのか、それとも放射線による染色体異常の影響なのか——。

つまり、単なる1つの動画クリップというものは、1枚の写真と同じで、キャプションや文章が伴わないかぎり、メッセージは多義的で必ずしも定まらないのです。もちろん、対象となる人物や動物のアクション以外に、ストーリーを作る方法もありません。

したがって、リュミエール兄弟の映画もまた、当時は単なるアトラクションであり、「写真が動いてびっくりする」という観客の反応だけがすべてでした。

■ 連続するタブローとしての映画

こうした状況の中、映画で物語を描きたいと考えた人がいました。マジックショーの興行師だった**ジョルジュ・メリエス**です。彼は、リュミエール兄弟の映画に刺激を受け、カメラの前で演劇を行うという方法を思いつきました。「月世界旅行」(1902)をはじめとする彼の作品は、趣向を凝らした舞台の前にカメラを据え、演劇と同じような場面転換によって、映画に物語を与えました（図表 **2-4**）。

ただしメリエスの映画は、ほとんどの場面が舞台全体を映す長い1ショットでできています。物語の展開はその中の人物の動きだけで表現され、各々の登場人物の表情などはわかりません。「**1ショット＝1場面**」の映画です。見た目はほとんど演劇の舞台を映したままなので、「箱の中の演劇」と揶揄され、タブロー（キャンバス画）の連続したものと評価されています。

ちなみに、こうした撮り方は現代の「パパママビデオ」にもよくあるパターンです。子どものお遊戯会や演劇、音楽会などを撮るとき、多くの親たちはメリエスと同じく、舞台全体を撮ります。物理的にポジションを変えにくいという条件も影響しているのでしょう。

しかし、メリエスらの手法は、次第に古いものになります。画角の異なるショットを使いモンタージュ（編集）する手法が、サイレント映画の隆盛とともに発展していったからです。

図表 2-5　エイゼンシュテインの映画「戦艦ポチョムキン」

■ セルゲイ・エイゼンシュテインの映画

　それらの手法をまとめあげたのが、「モンタージュの父」**セルゲイ・エイゼンシュテイン**です。その代表作「戦艦ポチョムキン」（1925年公開）は、映像編集の基本的な技法のほとんどが含まれるため、「モンタージュの教科書」と呼ばれています。エイゼンシュテインは、モンタージュを「ショットとショットの衝突」にあるとし、1つの場面をさまざまなショットサイズの組み合わせで作りました。彼の作品は、人物の表情や事物のディティールを描くことで、人物に対する感情移入ができるようになっているほか、ショットの象徴的な意味を強く印象づけるものです。エイゼンシュテインは、ほかにも、注視する人物の表情とその対象をつなぐ、いわゆる主観的なショット（見た目）や、場面と場面を組み合わせるカットバックの手法なども生み出しています（図表 2-5）。

　これによって、物語は舞台装置の転換ではなく、映像そのものによって進行されることになりました。特に人物の心理を描けるようになったことで同一化の契機を生み、物語構造＝物語の具象化体制を形成できるようになったことが重要です。エイゼンシュテインは自らの映画を共産主義のプロパガンダとして作っていますが、「思想を映像化する」というのは、まさに映画が1つの伝達手段として完成形に達したということになるでしょう。

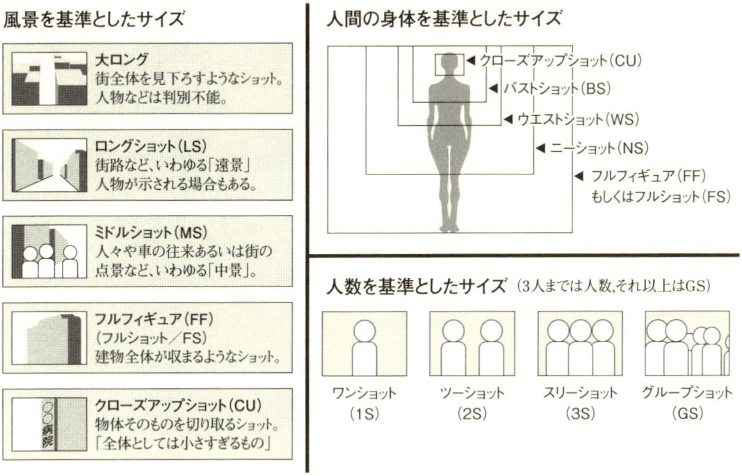

図表 2-6 古典的なショットサイズの概念

　一方、アメリカではデビッド・W.グリフィスが「イントレランス」などの映画で、複数のカメラを一度に回す並行モンタージュの手法で注目を浴び、もう1人の「モンタージュの父」となりました。グリフィスの方法論は、現代でいえばスポーツの中継やスタジオ番組の撮り方の原点と考えられていますが、撮影法が違うほかは、エイゼンシュテインの手法と共通点があります。
　これらの方法は、映画製作の技法として体系化が試みられました。それが「映画文法」であり、映画理論史上では**古典理論**と呼ばれています。その基本的な考え方を述べておきましょう。

(4)「映画文法」の成立と限界

■古典的なショットサイズの概念
　「言語とは差異の体系である」と言語学者のソシュールは述べています。ショットサイズは、映像表現においてもっともショット同士の差異を生むもので、古典理論では図表 2-6 のように分類されています。風景のショットを広さによって定義したり、人を映したショットを体を基準に分ける方法、そして、ショットに映った人数を基準にする方法があります。

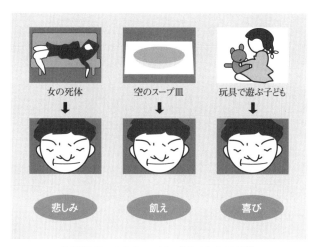

図表 2-7　クレショフとプドフキンの実験

■モンタージュの原理

　一方、モンタージュの方法はソビエト・モンタージュ学派の**クレショフとプドフキンの実験**のエピソードによって、その原理が説明されてきました。3種類の異なるショットの次に、俳優モジューヒンの顔のアップのショットをつなげて、彼の表情がどう見えるのかを観客に問うと、観客はそれぞれ違う意味をモジューヒンの表情に感じたというものです。この実験の結果が示すことは「前のショットが次のショットの意味を決める」という、モンタージュ作用の原初的発見です（図表 2-7）。

　モンタージュは、条件的モンタージュと独立的モンタージュに大別されます。条件的モンタージュは、人物の動作や会話、移動などを複数のショットで表現し、イメージを豊かに示します。別の場面のショットを交互に見せて緊張感を生むカットバックという手法もあります。また、独立的モンタージュはある1つの概念を、関連するいくつかのショットで表現する方法です。

■映画的象徴／対比

　古典理論では、映像が即物的な意味以上のものを象徴的に示す作用も、モンタージュに含まれると考えられていました。図表 2-8 で示したのはエイゼン

第2章 映像表現の特徴と古典理論　41

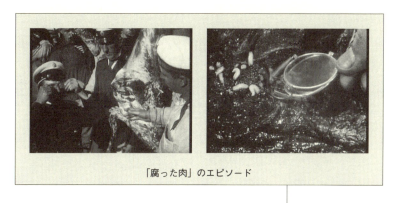

「腐った肉」のエピソード

「反乱」のエピソード

図表 2-8　「戦艦ポチョムキン」における象徴的表現　「戦艦ポチョムキン」における象徴的なショットの1つ「もやい綱にぶらさがった眼鏡」は、艦医スミルノフの死を意味する。このショットは単一では意味をなさないが、腐った肉のうじ虫に怒る船員たちに対し、スミルノフが眼鏡でこれを観察し、「うじではない。塩水で洗い流せば大丈夫だ」と説き伏せたエピソードによって印象づけられ、象徴と化したショットである。

　シュテインの映画「戦艦ポチョムキン」のショットですが、反乱のあとに「ぶらさがっている眼鏡」は、前の場面で船員たちにぞんざいな態度をとっていた艦医スミルノフの死、すなわち権威の失墜を物語っています。

　また、極端に印象の違うショット同士をつなぐ方法を「対比」と呼び、やはりモンタージュの1つとされています。

■古典理論の限界

こうしたショットとモンタージュの性質から、古典理論では「映像表現は言語体系の1つである」と考えられていました。しかしその後、記号論者の**クリスティアン・メッツ**は、映像表現は言語体系とは呼べないと指摘しました。ショットが自ずと意味を持っていたり、物語によって新たに意味づけされたりするという性質が、一般言言語における単語の機能とは異なるからです。したがって、言語学的には、映像は「言語（体系）なき言語活動」とされています。

また、古典理論は映像分析の方法としても限界があります。映像作品の内容を映画文法に照らせば、サイズの違いなどのショットの属性と、モンタージュの方法を見つけることはできます。しかし、個別のショットの持つ意味がどう生まれ、各々の手法がどう作用して意味を伝えるのか、あるいは物語全体とどのような関係を持つのかなどの点を、技法から読み解くことはできません。

そもそも、ショットサイズの分類や、モンタージュの定義には、論理的整合性がないのです。

■ショットサイズの矛盾

ショットサイズを示すには、よく「広い」「狭い」「引く」「寄る」といった物理的尺度が使われます。しかし、これは概念の定義としては非常に曖昧です。例えば、「広いショット」といっても、何百メートル四方を指すのかは決まっていません。駅前のロータリー全体を撮っても、教室全体を撮っても、同じように「ロングショット」と呼ばれるのです。また、なぜ人体を基準にサイズを考えるのでしょう。人数を基準としたサイズはどのように意味が異なるのでしょう。古典理論におけるショットサイズ概念は、いわば単なる手法の陳列棚であって、それだけでは制作者の意図とつながってきません。

■モンタージュはすべて技法なのか

モンタージュの概念にも曖昧なところがあります。「人物の動作をショットに分解してつなぐ」というような再現方法は具体的ですが、「象徴」「対比」といった手法にははっきりした形がありません。エイゼンシュテインは「断片」（クソーク）という概念を使って、映像の意味はショットの中にもショットや

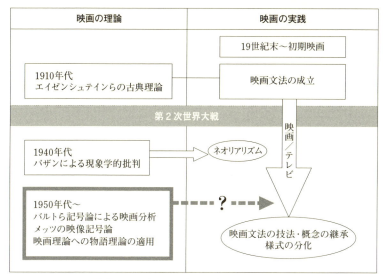

図表 2-9　映画に関する理論と実践の不整合

その連なりの中にもあるのだということを述べていますが、この概念も捉えどころのない、定義しにくいものです。

(5) 理論と実践の不整合

　こうした問題点を踏まえると、古典理論はなんらかの見直しが必要だと考えられます。ところが、実際の製作現場ではこの時期に作られた概念が技術用語として、そのまま利用されているのです。そして古典理論では手の届かない「制作」の領域に関しては、もっぱら脚本家や監督の能力に委ねられ、言語化しにくい慣習（不文律）と化しています。この不整合は、特に映像研究や制作の初心者にとっては大きな混乱の原因です（図表 2-9）。僕たちが映像作品を的確に捉えていくためには、古典理論を批判的に読み替える視点が必要になります。その視点とは、戦後に進展した記号論による映像分析や、物語理論の概念です。

第3章　映像と記号

1　記号論の基礎概念

■記号内容と記号表現

　記号論とは、ソシュールを祖とする言語学の概念を、その後裔たちが一般言語以外の分野に適用した研究の総称です。これらの研究によって、絵画や写真、広告、演劇など、あらゆる文化的活動に対して、新たな視点が得られました。その分析の視点は映画理論でも用いられています。
　記号論の基本概念は、記号を**記号内容（シニフィエ）**と**記号表現（シニフィアン）**に分けて考えるという、シンプルなものです。ただし、この関係性は必ずしも1対1のものではなく、多重であると考えられます。例えば、「胸」という日本語の言葉は、身体の一部分を指すのみならず、「心＝精神」を示すものとしても使われます。「手」という言葉は文字どおりの意味のほかに「人手＝労働力」や「方法」を示すことがあります。これは隠喩（メタファー）と呼ばれますが、同じような重層的な意味のあり方を視覚的な記号にも見ることができます。

■デノテーションとコノテーション

　例えば、ネクタイという物体は、物理的には繊維を編んだ布切れですが、社会的な位置づけとしては礼装の一部です。これを目にした場合、1つには、見たとおり礼装の一部としてのネクタイという意味が伝わりますが、同時に紳士服という商品分野や、日本の場合はビジネスマンを連想したり、もっと抽象的な意味としては「労働」や「束縛」を指すこともあるでしょう。杖という道具も、同じです。杖は材質的には木製、プラスチック製もしくは金属製の棒状の物体です。しかし、杖をついて歩いている人は、「高齢者」あるいは「障がい

図表 3-1　記号概念／デノテーションとコノテーション

者」「けが人」であると認識されます。これも、記号の意味作用です。

　記号論者の1人ロラン・バルトは、イメージが第一義的に示すのは、見たとおりの意味作用＝**デノテーション**（外示的作用／イコン的作用）であり、第二義的には、抽象的な意味作用＝**コノテーション**（共示的作用）と**神話**であると定義します（図表 3-1）。

　コノテーションは、社会的に規定される意味のことです。上記の例にある「労働」「束縛」「高齢者」「障がい者」などの意味は「ネクタイ」や「杖」のコノテーションです。

　ここでいう「神話」とは、「○○らしさ」のことです。医師という職業は白衣や聴診器などで表現されますし、軍隊は整然と並んで行進する姿によって「らしさ」が表現されます。神話系というほどの大きな枠組みを指すものではないので、神話素（ミテーム）という呼び方のほうがふさわしいかもしれません。

　いずれにせよ、言葉が辞書などによって明示的に定義づけられているのに比べて、視覚的記号はそもそも多義的であり、社会や文化によって意味が異なったり、意味に幅があったり、新たに意味が付与されたりします。

■コード化

　また、視覚的記号はよく複合的に用いられます。「禁煙マーク」は、交通標識で「禁止」を示す丸に斜線のマークと、タバコを模したデノテーションの記号（イコン）からできています。それぞれの記号はもともと別の意味「禁止」「タバコ」を示す視覚的記号ですが、組み合わさることによって別の意味「禁

第3章　映像と記号　47

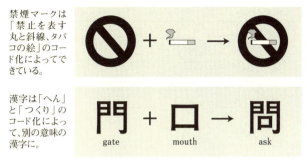

禁煙マークは「禁止を表す丸と斜線、タバコの絵」のコード化によってできている。

漢字は「へん」と「つくり」のコード化によって、別の意味の漢字に。

図表 3-2　記号のコード化

煙」を生み出していることがわかります。こうした作用のことを「**コード化**」と呼びます（図表3-2）。

　日本人にとって馴染み深いコード化の例は、なんといっても「漢字」でしょう。「Gate」を示す「門」という記号（もんがまえ）に、「Mouth」を示す「口」を組み合わせることによって、「Ask」=「問う」という別の意味を表しますね。同じように、「木」を2つ書けば「林」、3つ書けば「森」です。漢字は象形文字由来の表意文字ですから、そもそも視覚的な記号です。そして、つくりとへんの関係が、まさにコード化の作用をなすという構造を持っているのです。ちなみに、魚（さかなへん）の漢字は、中国の漢字では数が少なく、日本のほうがはるかに多いそうです。「鰯」「鮭」「鰹」などの文字は、漢字の様式を日本人が自らの文化の中で発展させていったということですね。同じ魚を示す語でも、「河豚」（ふぐ）のように、つくりとへんではなくて、文字と文字がコード化している例もあります。ちなみにエイゼンシュテインは、モンタージュの技法を日本の漢字から思いついたという逸話があります。

■分析手法としての記号概念

　このような記号の性質を知ると、さまざまな視覚的メディアの意味を読み解くことができます。例えば、身近な例では記念写真が明確なコードを持っています（図表3-3）。人はなぜ記念写真を撮るのでしょうか。「はじめて来た土地だから」「誰かと一緒だから」「せっかく雪が降ったから」というような動機が

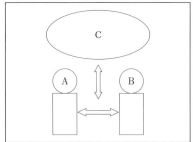

図表 3-3　記念写真のコード　記念写真は、並んだ人物（この場合はAとB）と背景（C）、フレーム内にある季節や時間帯を示す記号（服装や風景）などのコード化によって成立する。

一般的でしょう。これを示すために、多くの人々が雄大な風景を前に、友人と並んで、あるいは季節がわかる背景とともに写真を撮っているはずです。つまり、記念写真の意味とは、「自分」と「誰か」そして「背景」というような、視覚的記号の組み合わせによって作られていると考えられます。絵画の評論や広告の分析も同じような方法で行われます。

2　記号概念で捉える映像

(1) 映像表現の構造

■映像固有のコード

　このような発想を映像表現に適用して考えると、映像もまた記号とその作用によって読み解けることがわかります。

　第1に、ショットは1つのフレームで示されますから、絵画や写真と同じようにそこにはさまざまな記号があり、相互にコード化して意味を伝えている点です。

　第2に、モンタージュとは、ショットとショットのコード化と解釈できます。ショットを順次時間の流れの中で示すことで、コード化の作用＝**連辞**が生まれるのです。

　古典理論でモンタージュの1つとして扱われていた映画的象徴や対比といっ

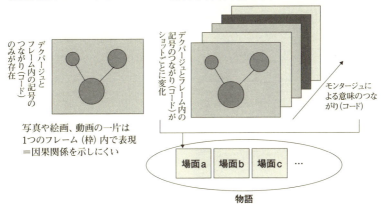

図表 3-4 映像のコード

た技法はどうでしょう。記号概念を用いて考えれば、ショットに含まれるさまざまな記号やショットそのもの、あるいは場面によって生み出されるすべての意味作用と捉えられます。「象徴」や「対比」は、技法による効果というより、記号的作用として解釈したほうがわかりやすいのです（図表 3-4）。

■映像とコミックの共通点

こうして記号概念で比較すると、さまざまな視覚的メディアの中での映像の位置づけも明確です。映像表現は連辞的コードを持っているという点で、写真や絵画よりも文章やコミックに近い構造を持っています。

もっとも似ているメディアは**コミック**です。これは、手塚治虫をはじめとした戦後の漫画家たちが、映画手法であるショットサイズとモンタージュの発想を、積極的に採り入れたためです。4コマ漫画には違う形式もありますが、ストーリー漫画はほとんど同じ手法です。ここでは本書のカバーイラストを描いてくださった柏木ハルコさんの作品を例に示します（次頁参照）。

■コミックでも学べる映像

こんなコミックとの共通点を利用した面白い訓練法もあります。コミックの

このページのコマを「ショット」として見ると、①が２ショット、②が肩ナメ１ショット、③④がアップで、⑤はミドルサイズである。

コマが見せる範囲に差異があること、また③④が視線が相対している点などが映像作品と共通の手法である。コミックもまた、連辞的なコードを持っているのだ。
(柏木ハルコ『花園メリーゴーランド』より)

Ⓒ柏木ハルコ 2001

図表 3-5　コミックのコード

それぞれのコマを映像のショットに見立て、それを撮るにはカメラがどこの位置にいるのかを考えるという読み方をします。すると、被写体に対する**カメラポジション**や**アングル**の作り方が学べます。これは、私がカメラマンの修行をしていたころに、先輩に教わった楽しい学習方法です（図表 3-5）。

(2) 映像による伝達とは何か

■映像表現は世界共通語か

映像が文章やコミックに似た構造を持っているならば、古典理論が映像表現を言語体系と位置づけたことには一定の妥当性があったといえるでしょう。モンタージュ手法を確立したエイゼンシュテインも、「映画は世界共通語になる」という期待を持っていたようです。

ただし、記号論の視座から見ると、映像表現は一定の言語的性質を持ちながらも、その意味作用は重層的で流動的であるということがいえます。映像表現は、「意味のゆらぎ」を内包した記号として作用すると捉えるほかありません。このことは、映像が一方的な表現によって伝達するわけではないということを示唆します。

■ **視覚的記号の解釈と伝達**

　第1に、視覚的な記号は、すべて文化的な共有を前提として伝わります。例えば、「クリスマス」という行事の文化は比較的よく知られていて、イスラム圏の人々でも「サンタクロース」や「クリスマスツリー」を知っています。ならば、これらのイメージを伝えることで、「クリスマス」という意味は、わりと広い層の観客に示すことができるでしょう。しかし、例えば日本の門松の写真を見て、世界中の人が「新年の飾り物」と理解できるかどうかは疑問です。大学で中国人の留学生に聞いてみましたが、わからないと言われました。となると、「門松」のイメージによって「新年」の意味が伝わるのは、日本人に対してだけだけになります。記号の作用は文化的な制約を受けるのです。

　第2に、モンタージュの理解も受け手の訓化の結果です。テレビの番組の筋を追えるようになるのは3歳くらいからだといわれていますから、赤ちゃんは言葉を学びつつ、だんだんにモンタージュによる伝達に慣れていっているのだと思われます。

　こうした理由から、映画を世界共通語だとするエイゼンシュテインの発想は明確に誤りです。映像表現は一方的な発信によって伝達するのではなくて、文化的条件と受け手の解釈があってはじめて成り立つ伝達方法なのです。

(3) 視覚認識による条件

■ **視覚認識のメカニズム**

　もう1つの制約として、人間の視覚認識の限界が挙げられるでしょう。例えば、カメラを動かさずに撮るショットは「フィックス」と呼ばれ、業界ではカメラワークの基本です。人間の視覚認識は、横楕円形に広がる視界の中で、目まぐるしく視点を動かすことによって行われます。視点の及ばない部分の情報は脳の働きによって補われ、視界全体が1つの像として認識されているといわれています。視界の中に動くものがあると、人間の脳は刺激を受けてやや興奮した状態になります。その代わり、高度な情報処理が必要になって脳に負担がかかるのです。このとき、視界そのものが動くとどうなるでしょうか。視界の中ではすべての記号が動くことになり、脳には重い負荷がかかります。動きが激しい場合は乗り物酔いのようになります。

そこで、ショットを見せるときにはフレームを視界と捉え、その中を視点がトレースしやすいように、カメラの固定が基本とされるのです。この問題は、映像業界では経験的に周知されてきたことですが、最近では認知科学の研究でも証明されつつあり、「映像酔いを起こすにはどのくらいのベクトルが必要なのか」を計測した論文も発表されています。

■ショットの尺（持続時間）
　ショットの尺についても、同じような制約を受けます。ロングショットは長く（7〜8秒）、アップは短く（3〜5秒）つなぐというのが、業界での慣例になっていますが、これは有意の記号の数による認識時間の違いと考えられます（57頁参照）。ロングのショットは認識に時間がかかりますが、アップのショットはすばやく認識されます。それに合わせて、ショットの長さを調整すると生理的なリズムにあった編集となります。ただし、被写体に動きがある場合は、通常より長いショットが使われます。脳内での動きの情報処理には時間がかかるためです。

■記号的分析が明らかにするもの
　このような考察から大まかに映像表現の特徴を整理すると、

①絵画や写真と同じく、記号とコード化の作用によって意味を伝える
②差異のあるショットが連なることで連辞的コードを生み、意味を伝える
③文化的慣習によって、伝達が制約を受けている
④視覚認識のメカニズムによる制約を受けている

という4つの点が挙げられます。古典理論では単に技法として述べられていた映像作品の持つ言語的性質は、記号概念を用いると意味生成や伝達の仕組みが明確になります。より具体的な映像作品批判の手段としても有効です。

■物語の要素となる場面（シーン）
　そして、さらに重要なのは映像のレシを「連辞の連なり」として見る考え方

です。メッツは映像の連辞のあり方を「自律的か否か」「時系列か否か」「因果関係があるか否か」などによって分類し、**大連辞系列**という体系のもとで映画の分析を試みています。

映像作品はショット単位で見ると、物語全体との関与がよくわかりません。しかし、モンタージュ（連辞）されたショット＝「場面（シーン）」を単位として見ると、それが物語の要素であることがわかります。場面とは、空間や時間帯などが継続する連辞のくくりです。モンタージュは1つの場面を形成すると断絶され、次の場面へとつながります。場面はさらに大きなシークエンス（シーンの連なり）という意味的なくくりを形成し、物語全体を形成します。

さらにバルトは、映画を「作品」というよりは「テクスト」であると述べています。ここでいう「テクスト」とは、形を持った物体としての造形物ではない、いわば送り手と受け手のコミュニケーション過程を指しています。映像は作者が「見せること」だけでは存在せず、観客が「見る」という行為があってはじめて意味をなすということです。この発想は、まさに映画を物語として見る視点を提示しました。

つまり、記号論者たちは単に技法として語られてきた映像表現の構造を、社会における物語という、より大きな枠組みへと理論的につなげる役割をはたしたのです。こうした考え方によって、私たちは物語構造を形成するレシの主たる要素として、ようやく映像表現をきちんと捉えることができるのです。

第4章 映像作品のレシを理解する

1 「映画文法」の再解釈

(1) デクパージュ・モデル＝ショットサイズの再定義

■ショットサイズの再定義

　この章では、今までの考察を念頭におきつつ、映像作品におけるレシの次元の総体を改めて詳細に説明します。ここからの解説に沿って、ぜひ第2章で提示したショット分析表（図表2-2）の残りの項目を埋めていってみてください。

　最初に、古典理論におけるショットサイズの概念を、記号的な思考で再定義します。第2章で述べたように、ショットサイズの概念にはさまざまな矛盾があります。その矛盾を解消し、ショットサイズの機能を理解するために、僕は記号論の概念を使った「**デクパージュ**」というモデルを提唱しています。

■デクパージュ・モデル

　これは古典的なサイズ概念のように「面積・距離などの物理的尺度」ではなく、ショットを「有意の記号の数」で3つに分類する方法です。「ショットサイズ」という語と区別するため、この方法を「分割」を意味する「デクパージュ」の語で示します。

　①設定配列（Establishing Diction）

　まず「ロング」と呼ばれるデクパージュを、僕は「**設定配列（Establishing Diction）**」と呼びます。「画面が広い」と考えず、「記号が多い」と捉えます。「広い」ショットとは、一見するとごちゃごちゃした印象を受け、そこにはたくさんの、あまり個々に判別できない記号があふれています。渋谷のスクラン

ブル交差点全体を撮ったショットは広く感じますが、同時に人が多すぎて、誰が誰だか区別はつきません。いろいろな記号が映り込んでいますから、意味も多義的になります。さらに、こうしたショットは、場面という単位から捉えると、時と場所を設定する役割を負うことが多いので、「設定配列」と名づけました。アメリカの技法書で「Establishing Shot」という語を見つけましたが、ロングの機能は、おそらく制作者の間では経験的に共有されており、なかば不文律になっているからだと思います。ただし、ショットの中でもデクパージュは変わることがあるので、僕はShotではなく、Diction（配列）の語を使うことにしました。

②連関配列（Related Diction）

次に「ミドル」とか「ツーショット」などと呼ばれるデクパージュを、「**連関配列（Related Diction）**」と名づけました。個々の記号が判別できる程度の数で収まり、互いの関係性が一番よくわかる配列なので「連関」としました。人間と人間の関係性だけではなくて、道具を持った人間、すなわち人間と道具との関係性もよくわかるデクパージュで、古典的なサイズ概念における「ウエストショット〜ニーショット」にも対応します。

実はそもそも、「ニーショット」「ウエストショット」と細かく分ける意味はありません。手に持ったモノと人を両方撮ろうとすれば、結果的にそういうサイズになるのです。人と道具の両方を撮るのが本来の目的で、膝で切る、腰で切ることに意味があるわけではないことがわかります。

③限定配列（Limited Diction）

最後に「アップショット」とか「バストショット」と呼ばれるデクパージュを、「**限定配列（Limited Diction）**」と名づけました。「大写し」ではなくて「他の記号が入っていない」というのが「限定」の意味です。もちろん、もっとも恣意的なデクパージュで、特に人物の顔に限定した場合は、感情が伝わりやすくなりますから、物語における同一化（感情移入）の契機として重要です。

このモデルによって、デクパージュそのものの機能がよくわかると思います

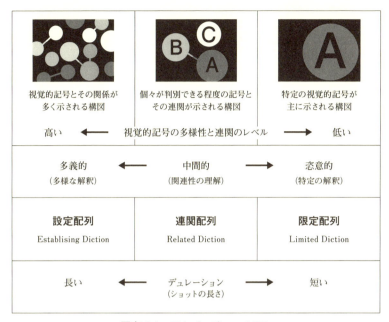

図表 4-1　デクパージュ・モデル

（図表4-1）。これは、「古典的なサイズの概念」よりも単純化されていますから、撮影にも編集にも役に立つアイデアではないでしょうか。実際、古典的なサイズ概念のように細かい切り取り方をするカメラマンはいません。そもそもフレーミングとは、カタログに沿ってすべてを撮るのではなく、場面に必要なデクパージュを、対象の状況に合わせて行うものです。そのときに基準となるのは、これ以上でも以下でもありません。逆にいえば、上に述べた3種類の配列を撮影すれば、編集で場面を作ることができます。

　補足ですが、ここでいう「有意の記号の数」を厳密に数えるのは難しいことです。例えば、1人の人物の限定配列のショットがあったとすると、たいていは「特定の人物の表情」と認識され記号として働きますが、その人の顔の皺や髪型、ピアスなどの装飾品も、見る人によってはそれぞれ記号として作用する場合もあるからです。したがって、ここでは「皆がそれと認めるだろう最大公約数の、社会的に共有される記号」という程度のところで線を引き、数える、

と考えていただければよいかと思います。

　この考え方は、記号論の基礎概念に従って、制作者としての経験にもとづき、ショットサイズの概念を再モデル化したものです。われわれ映像作家（監督ないしカメラマン）は、現場での撮影のさいフレーミングの基準を被写体配置（ミザンセヌ）と「特定の事物を構図に入れるか入れないか」で判断しており、物理的な大小にかかわらず、それによって場面を作れることを知っています。このことを、もっとも簡単に示すのがこのデクパージュ・モデルなのです。

　また、必要とされる場面によっても判断は変わります。例えば、最近公共の場に増えてきている〈寝泊り禁止〉の看板を撮るとします。これを単体で撮るショットと、実際に野宿している人を含めて撮るショットでは、喚起される場面がまったく異なります。前者は、野宿者を排除する行政の姿勢を示すフィラー（雑感／実景）の1つとして扱われることになりますし、後者は、特定の野宿者の経験を表すショットとなり、同一化を促す場面の一部として扱われるでしょう。デクパージュは単なる撮影の技法ではなくて、そこではすでに物語作りが始まっているのです。

■デクパージュの軸
　ところで、古典的なサイズの呼称には3種類のグループがありました。身体を基準としたサイズ、人数を基準としたサイズ、風景を基準としたサイズの3種類です。これらのグループ分けにはどんな意味があるのかを考えてみます（図表 **4-2**）。

　①行動と心理の軸　まず、身体を基準としたサイズです。古典呼称のフルフィギュアにあたるものが設定配列となりますが、人物そのものに設定の意味はあまりありません。ここで重要なのは、人物以外の記号です。限定配列や連関配列ではあまり映り込んでいなかった周囲の記号がもっとも写されるのは、設定配列です。どんな場所にいて、どこに向かっていて、というような人物の行動全体がよく見えます。つまり、人体を基準としたデクパージュは、「行動と心理の軸」といえるでしょう。

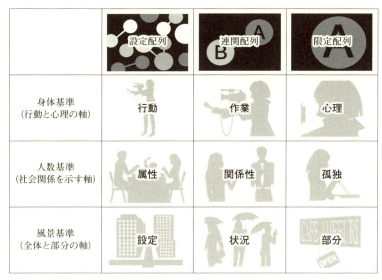

図表 4-2　デクパージュの軸

　②社会関係を示す軸　次に、人数を基準としたサイズです。古典呼称のグループショットは、家族とか、野球チームだとか、音楽バンドなどの「属性」を示すデクパージュですから、人物の社会的背景を「設定」します。連関配列では、他の人物との関係がもっともよくわかりますし、限定配列では孤独を感じさせます。これは、「社会関係を示す軸」といえるでしょう。

　③全体と部分の軸　最後に、風景を基準としたサイズです。設定配列では〈ある場面が展開する場所の全体〉を示すことが多く、連関配列ではもう少し細かい状況がわかります。限定配列では、その空間のある1点を強調します。これは、「全体と部分の軸」です。ただし、この軸には始まりと終わりがありません。実際の空間じたいが入れ子のようになっていますから、限定的に示された看板の次のショットがお店の設定配列という並びもありうるのです。逆もしかりで、町全体を映すショットよりもさらに広い範囲を映すことも可能です。例えば、衛星から撮ったグーグルマップの写真などがそうですね。したがって、この軸には物理的基準はなく、あくまでも場面がそれを規定することになるで

しょう。

■ 重要なのは機能

このように、デクパージュ・モデルで検証すると、いわゆるショットサイズが単なるショットの差異化ではなく、自ずと意味を負っていることがわかります。これによって、ショットの選び方も明確で単純なものになりますから、制作手法上も非常に便利な考え方です。

映像作品を物語の具現化構造として見るならば、デクパージュを技法として分類することよりも、その機能にこそ目を向け、物語の要素として捉えるべきなのです。

このように、ショットは主にデクパージュによって差異化されますが、それ以外にもショットを性格づけ、あるいは意味を生成する要素があります。

(2) ショットの他の属性

■ 構図

記号をどう配置するかという、いわゆる構図は、基本的には絵画や写真の**ミザンセヌ**（被写体配置）を踏襲し、遠近法やパースペクティブ（角度）を意識したものが美しいとされています（図表4-3）。記号の配置にバランスがとれた状態と言い換えることもできるでしょう。水平線、地平線は下から3分の1もしくは5分の2程度に置く、人物は背中のほうを少し詰めて配置する、物体は少し斜めから撮って立体感を出すなどの構図の撮り方は、絵画に由来するものです。これらの配置は安定感を生み出す一方、陳列された美術品のような予定調和を感じさせ、あまり人為的な印象は生みません。あえて人物を前のめりに配置して不安感を示すなど、これらを逆手に取った表現もあります。

■ アングル

アングルとは、主に人物とカメラの高さの差を指します。通常は「アイレベル（目高＝めだか）」といって、撮影者の目の高さで撮りますが、下から撮る「ローアングル（アオリ）」、上から撮る「ハイアングル（俯瞰＝ふかん）」という撮り方もあります。この場合、ローアングルは対象を大きく力強く、堂々と、

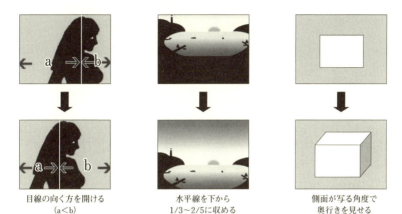

構図：被写体配置・パースペクティブ（角度）は、3次元の世界を2次元の枠内でバランスよく表現する方法として、絵画技法（遠近法・黄金比率）などから踏襲されている。これらもショットを特徴づける要素の1つである。また、被写体の向きなどはデクパージュの差異化を補完する役割をはたす。

アングル：被写体に対する鉛直方向のカメラの角度を指し、ショットを特徴づける属性の1つである。人物は通常アイレベルで撮られるが、ハイアングルの場合は「か弱さ、卑小さ、悲惨さ」などの、ローアングルの場合は「強さ、威厳、傲慢さ」などの心理的意味を共示するとされる。

図表4-3　構図・アングル

あるいは尊大に見せ、ハイアングルは対象を小さく、冷徹さをもって、あるいは卑小に見せる効果を生みます。

ちなみに、対象に合わせてカメラを高くしてアイレベルで撮ることをハイポジション、逆をローポジションと呼びます。

■カメラワーク

　第3章でも述べたように、カメラワークの基本は**フィックス**、つまりカメラを動かさないことです。一般的なテレビ番組や映画のショットをチェックしていくと、10ショットのうち、カメラが動くのは1〜2ショットにとどまるのが普通です。最近ではゆっくりとしたドリー移動もフィックスの代わりに使われることが増えていますが、カメラの動きに関して、映像業界の人々はいたって禁欲的で慎重です。

　とはいえ、初期の映画では難しかったカメラそのものの移動は、機材が軽量化するにつれて容易になり、現在はフィックス以外のさまざまな**カメラワーク**が使われています。これも恣意的に意味を生む要素なのだという点が重要です。カメラを動かすさいに共通して生成される意味は、ショットの終わりに示される構図の強調です。個々の技法とともにそれを説明しましょう（図表4-4）。

　①パンニング／ティルティング

　三脚や身体を軸に回転運動で水平に動かすのを**パンニング**、垂直に動かすのを**ティルティング**と呼びます。風景の広大さがどうしてもフィックスで表現できないときによく使われますが、「車の行き交う街道から、道沿いのラーメン店に振る」といった使い方もあります。この場合、観客は「ラーメン店」に誘導されるのであって、「街道」に意識は向きません。逆に振ると意味が変わってしまいます。さらにいうと、「振込み」とも呼ばれるこうしたショットの多くは、新しく場面を作る場合の最初の設定的な機能を負います。つまり、「ラーメン店」の外観で止まったパンニングのショットの次に続くのは、その看板だったり、店内だったりするでしょう。また、会話の場面でもパンニングが使われることがあります。もちろん、発話のタイミングに合わせてカメラを振らなければなりませんが、会話の当事者それぞれをショットで割るよりも、距離

第4章　映像作品のレシを理解する　63

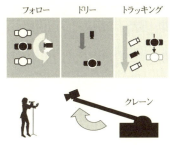

呼称	方法	効果	呼称	方法	効果
フィックス	カメラを固定して撮る	安定感がある	フォロー	動く被写体を追う	移動の表現 被写体への着目
パンニング	体を軸にカメラを水平、もしくは垂直に動かす（ティルティング）	前の構図から次の構図へ誘導	ドリー	撮影者自らが動きながら撮る・被写体を追う	主観的表現 状況変化の表現
ズーム・イン	ズームレバーを使い、構図を変える	対象に注目	トラッキング	被写体とともに動く	構図を変えずに移動を表現
ズーム・アウト	ズームレバーを使い、構図を変える	状況を強調	クレーン	装置を使い、アングルを変える	浮遊感、流動感

図表4-4　カメラワーク

感がわかるショットになります。

②ズーム・イン／ズーム・アウト

ズームは、レンズのズーム機能を使って、1つのショットの中でデクパージュを変えるカメラワークです。ズーム・インすれば、デクパージュは限定的になりますから、その対象となる記号を強調します。ズーム・アウト（ズーム・バックともいう）は、デクパージュを設定的に変えますから、対象となる記号よりも、周囲の状況を強調します。前者は、何か重要なものを発見したときや、人物の感情の高まりを示すときなどによく使われます。後者は、対象となる記号を客観視させる機能なので、場面の終わりに使われたり、時計からのズーム・アウトで場面の時制を設定したりします。

③フォロー／ドリー／トラッキング

フォローは、人物の動きを同じ構図を保って追うショットです。移動の連続性を1つのショットで示し、状況の変化を認識させます。

ドリーは、カメラそのものが動いて、主観的に状況の変化を見せる、あるいは人物の背後からついて行き、状況の変化を見せる効果を持ちます。潜入取材や訪問取材でよく使われる技法です。

対象の動きに合わせながら前から撮るショットは、**トラッキング**（もしくはドリー・バック）といい、移動の中での人物の表情や言葉を拾う（ぶら下がりインタビュー）ときなどに使われます。

④クレーン　この他、音楽のライブ撮影などではクレーン装置を使って、アングルとデクパージュを同時に変える手法があります。

これらのカメラワークは、状況に応じて使い分けられ、パンニングとズームなどを組み合わせて撮られることもあります。

例えば、僕は、動く対象に対してカメラをローポジションからひねり上げてフォローする撮り方を、医療現場でよく使いました。「人間クレーン」とか「動きの掛け算」と呼んでいますが、横方向に動く対象に対して縦方向のカメラの動きを加えると、とてもスピーディに見えるのです。医療の現場では皆がとても急いでいますが、見たままを撮るだけではあまりその忙しさが表現しにくいので、あえてそうしたショットを組み込んで、心理的なスピードを示すようにしました。

■レンズワーク

レンズの機能を利用した表現も、ショットの意味的要素となります。レンズの望遠側で**絞り**を開けると被写界深度（フォーカスの合う幅）が浅くなることを利用して、背景をぼかし、対象を強調する方法はスチルカメラの技法として有名ですが、動画の場合にはレンズの動きそのものをショットとして利用できます。ぼやけた画面からフォーカスを合わせる「**フォーカス・イン**」やその逆の「**フォーカス・アウト**」は、対象の美的な面を強調します。並んだ被写体の

後ろから前へ焦点を移動する「ピン送り（フォーカス送り）」も、映像独特の表現です。焦点の合ったほうの被写体に意識を向けさせることで、会話の場面を1ショットで演出するといった使われ方をします。

■色彩
　第2次大戦あたりを境に、フルカラーの映画が誕生し、現在では画面に色があるのは当たり前になっています。したがって、色彩心理学的な色の作用も、映像作品の演出に利用されています。夜の場面を青い光で統一したり、夕方の場面をオレンジ色で統一したりすることで、寒色－暖色による心理的影響が計算されていると考えてよいでしょう。

■撮影時に決まるショットの演出
　こうしたショットの属性は、ほとんどが撮影の時点で決まります。もちろんここに挙げたような撮り方のカタログを網羅するように撮る必要はないのですが、同じ対象に対していくつかのデクパージュ、アングル、カメラワークで撮り、編集時に選ぶのです。誤解されがちですが、編集とは、NGのショットを削除・加工・修正する作業ではありません。これらのテクニックが駆使されたショット群を組み合わせて場面を作るための作業なのです。

(3) モンタージュの再解釈

■モンタージュの再解釈
　さて、これらさまざまな属性を持ったショットをつなぎ合わせる手法が、モンタージュです。第3章までの考察により、モンタージュは、文化的あるいは視覚的制約を受けつつ、ショット同士の連辞によって意味のつながりを作る方法の組み合わせであると再定義できます。つまり、モンタージュはその成立条件と意味生成に峻別して考えるとわかりやすくなります。
　モンタージュの再解釈については、クリスティアン・メッツの大連辞系列による連辞の定義が知られていますが、煩雑さを避けるため本書では「動作」「会話」などの日常語を使って定義します。

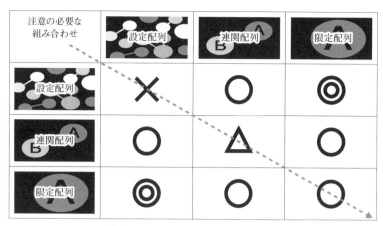

図表 4-5　デクパージュの組み合わせ

■差異を作る視覚的条件

①差異を生むデクパージュの組み合わせ

モンタージュを行う条件としては、前述のようにデクパージュによる**ショットの差異**が必要です。エイゼンシュテインが「衝突」と呼んだショットの差異は、脳のシナプス励起と関わりがあると考えられます。五感に刺激を受けた脳神経は、励起と呼ばれるイオン反応で刺激を伝えます。脳の中では、変化のない構図を見続けても励起が起きず、構図の変化によって刺激が起きると考えられます。刺激を受けることで、ショットはショットとして認識され、そのつながりによって意味が生まれる、というのがモンタージュの科学的プロセスなのではないかと僕は考えます。

実際、映像業界では互いに似た構図のショットをつなげることは、「同ポジ」「忍者」あるいは「ジャンプカット」と呼ばれて忌避されます。特に設定配列と設定配列のショットは、互いにごちゃごちゃした構図になりますから、組み合わせを避けないと差異がはっきりしません。逆に、形の違う事物であれば同じ限定配列同士でも差異がはっきりしているのでつなげることができます。違う人物の顔をつなぐ場合は、視線の向きを対置させてつなげば差異が生まれます。これら、配列同士の相性をきちんと作ることが、モンタージュを行うための第 1 の外示的条件になります（図表 4-5）。

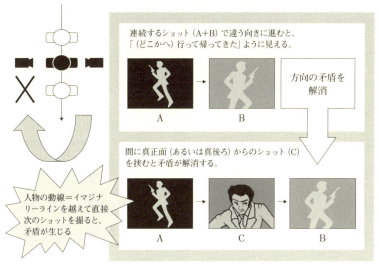

図表 4-6　位置・方向の一致

②位置の一致・方向の一致／イマジナリーライン

　第2の条件として、「**位置の一致**」「**方向の一致**」があります。3次元の世界は、どこに立ってみるのかによって2次元的な位置や方向が変わります。AさんとBさんという2人の人物を前から見たとき、左がAさんだったとしても、背後に回ればBさんが左です。右に向かって歩いているCさんの動線をまたいで反対側に立てば、左に向かって歩いているように見えます。2次元の映像を見た場合の混乱を避けるため、モンタージュのさいは、ショットにおけるこれらの位置・方向の関係をどちらかに一致させることが慣例となっています。撮影のさいは、2人の人物の間に、あるいは移動する人の動線に沿って、**イマジナリーライン（想定線）** を想定し、それをまたがないようにショットを作るようにすれば、位置・方向が混乱することはありません。また、一度イマジナリーライン上から撮ったショットを挟み込むと、この矛盾は解消されます（図表 4-6）。

図表 4-7　モンタージュの作用　デクパージュされたショットは、モンタージュによって意味のつながりを持ち、場面を作り出す。この映画文法の基本構造は現在に至るまであらゆるジャンルで踏襲されている。

■モンタージュによる意味作用
　①条件的モンタージュ
　前述したとおり、モンタージュの作用は大きく分けて、2つに分類されます（図表4-7）。1つは「条件的モンタージュ」と呼ばれ、ショットとショットの間に、時間的空間的につながりがあるとみなされるモンタージュです。すなわち、

- 対象を分割して**動作**のディティールを表現する
- 人物を対置させて**会話**を表現する
- 方向を一致させて**移動**を表現する
- 空間をつなぎ合わせて**位置**関係を示す
- 人物と事物をつないで主観的な視点を示す（**見た目**／主観ショット）

等の連辞です。これらは単にデクパージュをつなぎ合わせただけではなく、ショット単体では表現できない意味を示したり、現実にはそうでないものを現実のように見せたりする効果を持ちます。動作の表現では、作業する手元や、対

象となる人物の表情などから、その動作に精緻さや心理的な意味合いを含めることができます。また、アクション映画で登場人物が危険を冒す、例えば崖を登るといった場面では、俳優の代わりにスタントマンが演技をします。このとき、顔がわからないようスタントマンの演技は設定配列で撮ります。一方、俳優の演技はセットを背景に顔がわかるような限定配列もしくは連関配列のショットで撮ります。これらを組み合わせて編集することで、あたかも俳優自身が危険な演技をしているように見せるのです。

　人物を対置させる（逆向きの顔のショットをつなぐ）方法は、必ずしも物理的に対置していない状況、例えば電話での会話などでも使われます。同ポジ（ジャンプカット／似た構図のつなぎ）を避けるという意味もありますが、心理的な意味合いもあります。対置とは心理的に向き合っているという意味も示すのです。したがって、会話の一方の人物が相手の話をまともに聞いていないという場面では、デクパージュのみでショットを差異化させ、あえて片方が背を向けた状態での会話を撮る場合があります。

　モンタージュで移動の場面を作る場合は、実は移動の省略という効果を作っています。例えば、ある人物が出勤する様子を、「電車に乗っている」「駅から出てくる」「オフィスのドアを開けて『おはようございます』と挨拶する」の3つのショットでつなぐ場合、電車内の時間も、歩いている時間も、実は省略されています。方向の一致（前のショットと次のショットで同じ向きに移動する）の原則が保たれていれば、実際には何十分もかかる移動をほんの数カットで示せるのです。これは、物語の運び方に効率をもたらすつなぎです。

　空間をつなぎ合わせる場合、ドキュメンタリーであれば実際の建物の外観と内部のショットをつなぎますが、劇映画ではよくすり替えを行います。日本の刑事ドラマでよくある場面として、現実の霞ヶ関にある警視庁の外観と、スタジオに作られた捜査本部のショットをつなげるパターンがあります。アメリカの映画では、実際のホワイトハウスの外観と、作られた大統領執務室がよくつながっています。これらは、象徴的な建物の外観が場面の設定を行うモンタージュです。

　もっとも特殊なのは、いわゆる見た目（主観ショット）のつなぎです。何かを注視する人物の表情と、見ている対象のモノを映したショットをつなげます。

図表 4-8
「オデッサの階段」

このモンタージュは、客観的に見えるほかのモンタージュとは異なり、一瞬にしてドラマの中の人物の主観を見せるという離れ業をやってのけます。物語構築においては人物への同一化（感情移入）が重要ですから、このモンタージュの発見には大きな意味がありました。

また、2つ以上の場面を端緒として、たたみかけるように複数のショットをつなげることを**カットバック**といい、「同時異所の並列」と訳されます。「戦艦ポチョムキン」のオデッサの階段の場面や、グリフィスのマルチカメラによる「イントレランス」、黒澤明の「七人の侍」などの緊張感ある場面が有名です（図表 4-8）。そもそも、われわれは違う場所で同時に起きている動きを認識することが不可能ですから、カットバックの効果はモンタージュの作用によってのみ引き起こされる、映画だけが与える興奮といえるでしょう。

②独立的モンタージュ　さて、これらとは別に、**独立的モンタージュ**と呼ばれる手法があります。例えば「ひまわり」「バラ」「チューリップ」のショットを並べると、全体で「花」を意味するモンタージュとなりますし、「キャベツ」「トマト」「きゅうり」で「野菜」とか、「もみの木」「雪」「サンタクロース」で「クリスマス」とか、さまざまな社会的概念が、その象徴的な記号の羅列によって表現できます。概念のパラダイム（範列）を、その要素の抽出によって再現するモンタージュと定義づけることができるでしょう。映像業界ではフィラー（雑感／実景）とか、イメージ・ショットと呼ばれます。

2 レシの複合化

(1) 映像と情報

■映像は本当に「情報が多い」のか

　これらの手法は、ほとんどがサイレント映画の時代に確立されました。その時代、映像表現は音声や文字情報なしに、どこまで情報を伝えることができたのでしょうか。

　よく「映像は情報が多い」という言い方をする人がいますが、その点は検討の余地があります。映像は、パソコン上で扱うデータとしては、たしかに重いものです。文字などと違って、画像を描き出すには、色の情報やコントラストを非常に細かいデータの点（ドット）で表さなければなりません。動画になると、これがフレームごとに異なるので、さらにデータは大きくなります。連続するフレームの共通部分を省いてデータを軽くする方法がいわゆる圧縮です。DV、MPEG2、AVCHDなどはそのための圧縮形式で、圧縮技術がなければパソコンで映像を扱えるようになりませんでした。

　しかし、表現上の伝達力とは、データの重さではありません。その作品の表現によって作家から観客に何がどの程度伝わるのかという度合いです。すでに述べてきたように、映像の場合は記号や神話的作用により、物語として伝達します。では、例えば書物や写真などと比べてその伝達力は、どの程度なのでしょうか。

　映像は写真と同じく写実的で、かつ動きを持っているので、写真よりも多くを伝えるかもしれません。目で見て理解できるので、書物よりもわかりやすいかもしれません。しかし、実は映像には伝達の難しい情報もあるのです。

　例えば、映像作品において、穴のあくほど人物の顔を見つめても、その人の名前はわかりません。風景をどれだけ目を凝らして見渡しても、予備知識なしに地名を知ることはできません。専門分野の仕事のようすをどれほど仔細に観察したとしても、専門外の人には何をやっているかが理解できないでしょう。また、非常に大勢の群集が街にあふれている映像を見ても、具体的な人数を知

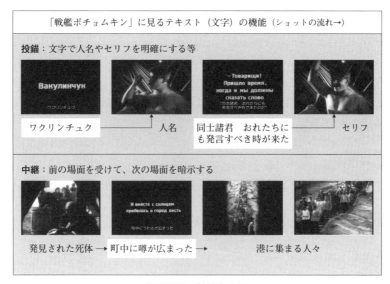

図表 4-9　投錨と中継

ることはできません。

　映像は写実的であるとともに多義性があり、固有名詞や、未知の風景の意味、数値的情報などを特定することが苦手です。テレビのニュースなどを見て、「情報を得た」と思っている人たちは、実は映像それじたいだけではなく、ナレーションやテロップなどから多くの情報を得ています。

　つまり、現在、社会的な機能を担っている映像作品の多くは、複合的なメディアです。その複合の経緯を辿りながら、それぞれのジャンルの映像作品が情報伝達とどう結びついているのかを明らかにしていきましょう。

■サイレント映画の限界

　サイレント期の映画は、映像の限界を言語（書き言葉）の併用で乗り越えようとしました。「戦艦ポチョムキン」では、人物の名前や場所、時間、台詞などが、場面やショットの間に挿入されています。また、上映に際して「弁士」と呼ばれる興行師が幕の袖に立ち、口上を述べるという慣習もありました。このことは、映像と情報の関係をよく表していると思います。

バルトは、イメージと言語の関係を「**投錨と中継**」という2つの概念で説明しました（図表4-9）。投錨とは、記号内容（シニフィエ）の揺らぎをさまよう船になぞらえて、そこから錨を降ろすという意味です。固有名詞や時間、台詞などを示す言語の機能をまさに言い当てています。また、中継とは場面と場面をつなぐ情報のことです。「ポチョムキン」の中では水兵ワクリンチュクの死体が港に流れ着いた場面と、オデッサの町の人々が集まってくる場面の間に、「噂はまたたく間に広まった」という文字情報が入ります。このような補足的な機能は映像表現の限界を示しており、物語構造における映像表現の弱点だったといえるでしょう。

(2) メディアの複合化と物語構造

■ トーキーの登場

そんな映像表現の限界に新たな突破口を作ったのが、音声トラックのある**トーキー映画**の登場です。映画史上、もっとも大きなステップだったといえるでしょう。初めてのトーキー映画は、アル・ジョルスン主演の「ジャズシンガー」という映画で、主人公がピアノを弾き始めると音が鳴るという劇的な演出でその幕を開けました。

音声が使えるようになったことで、補足的な言語機能のうち、人物の台詞は話し言葉そのものになりました。台詞以外の音声ももはや物語と不可分です。効果音は映像が作り出す世界にリアリティを与え、BGMは場面の連続性を補足したり、感情を喚起させる要素として、映像作品を支えています。文字情報のほうは、画面にスーパーインポーズ（映像に画像や文字を合成する技術）されて示されるようになりました。

■ 映像作品の話法

つまり、映像は音声情報や文字情報という別のメディアとの複合化によって、物語の具現化をはたしたといえます。これが映像作品のレシの総体です。

そして、複合化は新たな表現様式の違いを生み出しました。例えば、劇映画における脚本は単なる台詞集ではなく、固有名詞や次の場面の暗示など、つまりバルトの指摘した「投錨と中継」の機能のほとんどを、巧みに織り込んで観

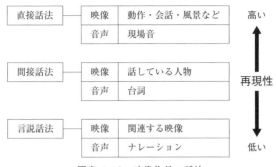

図表 4-10　映像作品の話法

客に認識させる方向に発展しました。一方、ニュースやドキュメンタリーでは、テロップの文字が投錨機能で大きな役割をはたし、ナレーションが「投錨」と「中継」の両方の機能を担う様式が発展しました。

　この様式の違いは、物語理論における「話法」という概念を援用すると、明確に捉えられます。話法とは、指し示す内容に現実の再現性（ミメーシス性）がどの程度あるかで、文の機能を①再現された言説（直接話法）、②転記された言説（間接話法）、③物語化された言説（地の文）の3つに分類することです（図表 4-10）。

　映像は本来再現性が非常に高いものですが、場面の性質はこれらと同じように分類できます。現場の音声を主として、出来事をそのまま再現するような様式は「直接話法」です。話の内容が主たる伝達内容であるインタビューは「間接話法」です。ナレーションの説明が主になる場面は「物語化された言説」です。ちょっと言いにくいので、これは「言説話法」と言い換えましょう。

　この分類を適用すると、劇映画はほとんどの内容が直接話法で語られていることがわかります。観客から見ると、すべてが出来事として進行し、必要な情報は登場人物の台詞から得ることができます。例えば、登場人物の名前などは、映画の冒頭で第三者の台詞の中に入っており、観客はいつの間にか各人物の名を知ります。

　これと正反対なのがニュースです。現場の音声が含まれる場合もありますが、基本的にはニュース原稿の文言が必要な情報を伝えます。ドキュメンタリーの場合には、これら3つの話法が組み合わされて使われるのが一般的です。

複合化されたメディアとしての映像作品では、映像表現と音声や文字情報が組み合わさって、最終的にこのような形で場面を形成します。

第5章 映像作品のナラティブとディエジェーズ

1 物語理論の概念

(1) 場面から物語へ

■場面・シークエンス・物語

　次は**ナラティブ**の次元を考察します。映像作品を構成する諸要素はどのように物語になっていくのでしょうか。モンタージュによるショットの連なりは、1つの**場面（シーン）**となります。これを形成するには、ショット同士に時間や場所の連続性が保たれる必要があり、そうしたショットの連なりは技法上「マッチカット」と呼ばれます。ちなみに、時間や場所が変わる部分は技法上「カットアウェイ」と呼ばれ、1つのシーンの終わりと次のシーンの間は、互いにはっきり断絶のわかるショットが使われます。

　そしてシーンが連なることで、物語上の意味のくくりである、さらに大きな「シークエンス」を形成します。例えば、ある映画に〈逃げる犯人と追う刑事を描く部分〉があったとします。逃げる犯人を描く一連のショットはシーンを形成し、追う刑事を描く一連のショットは別のシーンを形成します。これらが交互に見せられた場合、全体として〈追跡〉のシークエンスとなるわけです。また、テレビドキュメンタリーでなんらかの言説を示したいとき、統計データのフリップと、専門家のインタビューを連ねることがあります。この場合、フリップとインタビューは別のシーンですが、言説としてはつながっているので2つまとめてシークエンスになります。

　こうして作られたシークエンスをどう並べるのかを判断するのがディレクター（監督）の役割であり、ナラティブの次元における恣意です。制作作業の上で、これを具現化しているのが、劇映画の**脚本**であり、ドキュメンタリーの**構**

成（構成台本）です。それらの違いについては後に詳述しますが、とりあえずここでは劇映画やドラマなどを例に、映像作品におけるナラティブのありようを、物語理論の概念に従って考えてみたいと思います。

（2）物語（ナラティブ）とは何か

■物語とは「旅」である

　物語理論の祖である**ウラジミール・プロップ**は、ロシアの民間伝承が「31の機能」によって成り立つ、としました。「機能」というのは、この場合「場面」といった意味あいです。この機能を順番に並べると以下のようになります。

　①別離、②禁止、③違反、④問いかけ、⑤情報、⑥欺き、⑦無意識的共犯、⑧加害および欠如、⑨主人公の呼び出しもしくは派遣・召還、⑩主人公による困難な任務の受諾、⑪出発、⑫試練にかけられる主人公、⑬試練との対決、⑭援助の受け取りあるいは魔法物品の受け取り、⑮移動、⑯闘い…、と続き、最後は㉚悪人の処罰、㉛主人公の結婚まで続きます。

　この大筋は〈主人公はなんらかのきっかけで世界に疑問を抱き、なんらかの欠如をきっかけにそれを取り戻す旅に出て、魔法の力を手に入れ、さまざまな障害を克服して帰還し、最後には高貴な地位を得る〉という、イニシエーション（通過儀礼）過程になっています。もう少し抽象化すると〈**境界**を越えて異世界に旅し、戻ってくると日常の何かが変わる〉ということです。同様のストーリーは世界各地にあり、いわば物語の基本的な枠組みです。そして、背景や設定はさまざまに異なるものの、現在、多くの文学・漫画・映画などの共通の枠組みとして見出すことができます。

■物語における境界

　一例として、カバーイラストを描いてくださった柏木ハルコさんの『花園メリーゴーランド』を紹介します（**図表 5-1**）。この物語は、「かつての村落共同体における性のあり方」が題材になっています。都会で生まれ育った主人公「相浦くん」が先祖代々伝わる刀を探して山深い村に辿り着き、少女・澄子と出会います。澄子へのほのかな恋心を抱きながらも、主人公は村のおおらかな性の習慣に巻き込まれ、翻弄されていきます。性に対する興味と都会的な恋愛

第 5 章 映像作品のナラティブとディエジェーズ 79

figure 5-1 『花園メリーゴーランド』の境界

感情、道徳観のせめぎあいの中、「相浦くん」はさまざまな形の性体験を重ねるのです。彼は何度も村を抜け出そうとしますが、雪に道を阻まれたりして、はたせません。村と都会の間には 1 本の吊り橋があって、これがいわば「異世界と日常」の境界として彼の帰還を阻むのです。「相浦くん」は最後に澄子との愛を確認しあいますが、村の秩序を乱したとして、村人たちに追われ命からがら橋を渡ります。「日常」に戻った「相浦くん」は、村での体験から、より深く大らかな気持ちで女性を愛する青年に育ちます。

1 人の少年のイニシエーションを軸に、「性の捉え方」という大きな、しかしあまり正面から語られることのないテーマを描いたこの作品には、漫画でありながら哲学書か民俗学論文のような重みがあります。柏木さんは、これを描くにあたって、民俗学の本を読んだり、全国各地の性にまつわる遺構を巡ったりしてエピソードを構想したそうです。

大きな枠組みを作るために参考にしたのは藤子不二雄Ａの『少年時代』だ

ったと、柏木さんは言います。『少年時代』は、東京の小学生が転校先の富山の学校で争いに巻き込まれていく話です。〈境界を越えて戻る〉という物語の原点が作家から作家へ引き継がれたといえるでしょう。

このように、物語の枠組みの成立には、物語の入り口であり同時に出口でもある「境界」が大きな役割を負っています。

■ 人物機能

次に、物語の進行を作る具体的な要素として登場人物に着目したのは、**アルジルダス・J. グレマス**です。グレマスは、①送り手、②主人公、③援助者、④贈与者、⑤敵対者、⑥探索の対象、⑦受け取り手の7つの人物機能によって、物語の基本的な構文が作られると考えました（グレマスの行為項モデル）。

すなわち〈主人公は誰か（送り手）によって何かを頼まれ、贈与者の助けを借り、援助者とともに旅し、敵対者に阻まれながらも目的をはたして、誰か（受け取り手）に喜ばれる〉というような流れです。こうした物語の構文は、背景や人物設定を変えても成り立つので、さまざまな物語作りに転用できます。

「スター・ウォーズ」シリーズの中で最初の作品「エピソード4」を例に考えてみましょう。惑星タトゥイーンに暮らす青年ルーク（主人公）は、ある日2体のロボットを手に入れて、惑星アルデラーンの王女・レイア（送り手）の助けを求めるメッセージを目にします。そして、超能力〈フォース〉の使い手・オビ＝ワン・ケノービ（贈与者）と知り合い、伝説の騎士ジェダイになる修行を受けつつ、レイアを助けようと決意。空港で宇宙船を持つハン・ソロら（援助者）と契約し宇宙へと旅立ちますが、宇宙を支配する銀河帝国のダース・ベイダー（敵対者）が彼の行く手を阻むのです。ルークは人質になったレイアをなんとか助け、帝国に反逆する同盟軍（援助者）と合流。ダース・ベイダーが建設する宇宙要塞デス・スター（探索の対象）を破壊すべく、戦闘部隊のリーダーとして出撃し勝利を収めます。最後は共和国派の多くの人々（受け取り手）の賞賛のもと表彰を受けて物語は終わります。

第1章で述べたとおり、ルーカス監督は、この映画を作るにあたって、神話学者のジョセフ・キャンベルに師事して物語理論を学んでおり、まさに神話の原点に近い物語を構築したといえます。

■語り手

　登場人物とは別に、「**語り手**」という概念があります。物語理論では必ず1人の語り手が想定され、作者とは区別されています。物語によっては「聞き手」が読者とは別に存在する場合もあります。語り手・聞き手は、登場人物の1人として物語内の人物として明確にされる場合も、そうでない場合もあります。

　例えば前述した『花園メリーゴーランド』では、作者と同名の「ハルコ」という女性が登場し、その回想として物語全体が語られます。しかし、著者・柏木ハルコさんによれば、それは実体験ではなく、「こんな村がもしかしたら今もあるかもしれない」と読者に思わせるための仕掛けだったということです。こうした方法は「物語内的語り手」（第2次の語り手）と呼びます。

(3) 物語の語り方

■物語＝出来事ではない

　こうした物語に対するさまざまな分析を整理したのが、ジュラール・ジュネットです。今まで述べてきたとおり、物語とはさまざまなエピソードの集積です。これらは、語り手が出来事＝**物語内容（イストワール）**を語ることによって進みますが、物語は出来事そのものではありません。さまざまな語りのテクニックによって、それは物語化されているのです。ジュネットが指摘したいくつかの概念から、映像作品を考えるうえで重要なものをピックアップしてみます。

■時制

　物語内容の生起と、物語の進行は同時であるとはかぎりません。語り手が語るとき、その物語内容が過去や未来に起きることである場合もあるのです。ジュネットはこれを以下の4つにまとめています。

　①後置的（過去を振り返る）
　②前置的（予言的に語る）
　③同時的（物語内容の生起と同時に語る）

④挿入的（物語内容同士の間に挿入する）

■焦点化

　物語内容が誰の視点で語られるかを示す概念として、「**焦点化**」があります。物語の中では、ときどき登場人物の記憶や証言、夢の内容までもが語られます。その視点の切り替えのことを焦点化と呼び、以下のように区別します。

　①非焦点化＝すべてを知っている「神の視点」
　②内的焦点化＝特定の登場人物が認識した事象や内面を描く
　③外的焦点化＝特定の登場人物を単に外面だけを描く

　映像作品でも、これらの視点が選ばれて使われます。例えば、ナレーションなどで事象の経緯が語られる場面は非焦点化的です。モノローグやインタビュー、見た目ショットによる場面描写は内的焦点化といえます。単に人物の動作だけを示すとか、風景を描くなど、登場人物の感情がうかがい知れないような場面は外的焦点化にあたります。

2　物語（ナラティブ）の二重性と分析

■イストワール（物語内容）とディスクール（物語言説）

　このように、物語とは単なる事象の集積（**物語内容＝イストワール**）ではなくて、作者のさまざまな操作によって具現化されます。そうして紡がれる物語は、事象と同時に抽象的な意味の流れ＝論理展開を形成しています。これが**ディスクール（物語言説）**です。映画理論においては、この２つを峻別して考えるべきとされています。

■映像作品のディスクールをどう見るか

　映像作品においては、イストワールとは記号の外示的作用（デノテーション）によって伝わることもあり、共示的作用（コノテーション）であるディスクールは見逃されがちです。映像作品はことのほか出来事そのものに見えますが、

実は背後に論理展開を孕んでいます。そして、物語を通して**神話系**（価値観、因果律など）を提示するのです。

前述したように、映像のレシの次元における表現は、意識しにくいとはいえ作品を仔細に見れば分析可能です。しかし、目には見えないディスクールはどう確認すればよいのでしょうか。

■ 人物機能とプロットによる分析

わかりやすい方法は、**プロット**の再現と人物機能の確認です。まず、分析したい映像コンテンツを一度全部普通に見ます。それから、再度頭から再生し、場面の概要を端的にメモしていきます。脚本を書いてもよいのですが、かなり大変な作業になってしまうので、メモで代用します。

次に、これをプロットの形に整理します。プロットとは、シノプシスとも呼ばれ、要するにあらすじのことです。ただし、出来事をただ羅列するのではなくて、ここでは並行する列の左をイストワール（物語内容）、右をディスクール（物語言説）の欄とします。さらに時間軸を**起承転結**で分けて、左側に場面、右側に物語上の位置づけを書いていきます。

「起承転結」は物語の量的バランスと展開を示す言葉です。もともとは漢詩を起源とし物語理論の用語ではありませんが、物語の流れを大まかに整理するには便利な概念で、ほとんどの作品に適用できます。

「起」では、物語の契機や主人公の登場、物語の暗示が行われ、「承」では物語の背景や登場人物の紹介、その相互の人間関係、「転」へ至るさまざまな経緯が語られます。「転」とはクライマックスのことで、一番の見せ場です。刑事ものの映画ならば「息詰まる犯人の逮捕劇」とか、アクション映画ならば「手に汗握る最後の決戦」とか、恋愛映画ならば「感動的な愛情の再確認」とかですね。「結」は文字どおり、物語の終焉です。

物語の流れの中では、それぞれの登場人物がなんらかの価値観や考え方を背負って登場します。ディスクールとはそのせめぎあいと結果を示しており、最終的になんらかの価値観を肯定する終わり方をします。

人物機能も確認してみましょう。実際に映画を見ると、さまざまな人物が出てきて混乱するかもしれませんが、登場回数によって主要な登場人物は絞られ

ます。ある機能をはたすのは1人とはかぎらず集団の場合あります。役名をリストアップして分類していけば、おおよその見当はつくのではないでしょうか。

■「きかんしゃトーマス」を分析する

　ここでは試しに、子ども向けパペットアニメーション「きかんしゃトーマス」の中から「マイティマック」と題するエピソードを分析してみます。「きかんしゃトーマス」は、架空のソドー島を舞台に、ボイラーの前に顔がある、擬人化された機関車たちが活躍するシリーズです。機関車には青い色のトーマスのほか、たくさんの色違い・型違いの仲間がいて、それぞれ異なる性格の人格を持っています。1編8分と短いので、物語を把握しやすく分析も簡単です。

　「マイティマック」の主人公は、新たに線区にやってきた機関車・マイティマックです。関節型機関車と呼ばれるタイプで、1つの車体に2つのボイラーと2つの駆動部があります。それぞれのボイラーの前に違う顔がついていて、片方がマイティ、もう片方がマックという別の人格を持っているという設定です。このエピソードで、マイティマックは「観光客をキャンプ場に連れて行く」という任務を与えられます。しかし、2つの人格を持つマイティマックはしばしば意見が対立して、線路を行ったり来たりしてしまいます。それを見たトーマスが「行きたい方向を見て、そこへ続く線路を辿ればいいんだよ」とアドバイスします。マイティマックは、観光客を乗せてなんとか出発するものの、道中で何度も意見が食い違い、分岐点での方向を争った結果、行き止まりに着いてしまいます。そこでまた喧嘩を始めたマイティとマックは客車を岩にぶつけ、崩れた岩で線路がふさがれてしまうのです。

　そこで、脱線してしまった客車を観光客たちが力を合わせて線路に戻します。これを見たマイティとマックは力を合わせて岩をどかします。山の上にはキャンプ場の旗が見えたので、トーマスのアドバイスを思い出して無事にキャンプ場に着くことができました。2人は「力を合わせれば役に立つ機関車になれるね」と和解します。

■訓話としてのナラティブ

　図表5-2の左欄に書いたイストワールは主に機関車の「旅」ですが、そこ

〈ナラティブの構造〉

	イストワール（物語内容）	ディスクール（物語言説）	TC/尺
起	・シリーズタイトル「きかんしゃトーマス」	物語の開始	1600 (30")
承	・観光客で賑わうソドー島　走り回る機関車	新機関車登場の背景を提示	1630 (3'50")
	・新しい機関車マイティマックが登場 ・Mr.パーシバルが「山に客を運べ」と指示 ・トーマスがアドバイス「行きたい方向を見て、そこへ続く線路を辿ればいいのさ」 ・客の待つホームに行こうとするが、左右に行ったり来たりしてしまってたどりつけない	主人公マイティマックの提示 課題の提示 方法の提示 マイティとマックの反目という難点を示す	
	・キャンプ場へ向かう ・分岐点のたびにマイティとマックが引っ張り合いコースを奪い合う ・客車内ではお茶がこぼれたり、パンが飛ぶ	マイティとマックの反目による道程の困難さを示す	
転	・行き止まりに来る ・マイティとマックが押し合って客車が岩に激突 ・観光客が皆で客車を線路に戻す ・それを見たマイティとマック〜岩をどかす	最悪の事態の提示 解決策の発見　反目→協力	2020 (2'10")
結	・キャンプ場の旗を見つけ、トーマスの言葉を思い出す ・キャンプ場に到着〜帰途につく 「二人で力を合わせて仕事をすれば役に立つ機関車になれるね」	方法の適用 目的の達成 協力の大切さを確認	2230 -2358 (1'28")
	クレジット	スタッフ紹介・物語の終了	

〈人物機能〉
主人公：マイティマック（二つの機関部を持つ機関車＝二つの人格を持つ）
送り手：Mr.パーシバル
受け取り手：観光客
贈与者：トーマス
敵対者：行き止まり

図表 5-2　きかんしゃトーマス「マイティマック」のプロット

から右欄のように論理構成を抽出することができます。これがディスクールです。最終的に物語は〈反目するよりも協力したほうがうまくいく〉という教訓＝神話系を提示する仕組みになっています。「きかんしゃトーマス」のシリーズでは、このような教訓を含んだエピソードが多く作られています。子どもたちは大好きな機関車のお話を楽しみながら、いつのまにか教訓を学びます。親や先生が〈けんかしないで協力しなさい〉と口で言うよりも、エピソードを通じて〈反目することのデメリット〉と〈協力することのメリット〉を教えているわけです。したがって、このシリーズは子どもたちのための訓話集ともいえるでしょう。

■ 人物機能の読み方

この話は単純なので、人物機能を見つけるのも簡単です。サブタイトルのとおり、主人公は全編を通じて登場する「マイティマック」です。といっても、2つの人格を持つ機関車ですから「マイティとマック」という2人が主人公といったほうがよいかもしれません。反目しあう2人が、最後には協力しあう2人に変わるというのが、この物語の基本的な筋です。2人に課題を与えるのはMr. パーシバルで、彼は「送り手」です。観光客は「キャンプ場へ行く」という目的の受益者ですから、集団ですが「受け取り手」です。トーマスが実際に2人を助ける場面はないのですが、アドバイスを示すことで貢献するので「贈与者」でしょう。「敵対者」は人格を伴っていませんが、この場合は「行き止まり」です。このように人物機能を抽出すると、この物語の構造がよくわかりますね。

■ 起承転結のバランス

最後に「きかんしゃトーマス」の起承転結をみてみましょう。通常「起」では、主人公の紹介や設定などを含んで、物語の契機を示すことが多いのですが、シリーズものの場合はかなり圧縮されます。このシリーズの場合は、タイトルバックで物語の開始だけを宣言し、やや短めの30秒で終わります。「承」は、事件の背景や人物の紹介、性格づけ、転へ至るまでのドラマがありますから、通常もっとも長くなります。この話では4分弱で、全体の尺の約半分を使って

います。「転」は見せ場ですが、スピーディな展開がポイントとなるので、「承」の半分の約2分です。「結」は端的に述べられ、クレジットを入れても約1分半となっています。「起」が若干短いものの、この起承転結の尺の割合は平均的です。1時間を越えるような長い尺の映画でも同じような割合で構成されます。

3 ディスクールと神話系

■ 転用できるディスクール

さて、このように抽出されたディスクールは、いわば物語の骨組みですから、別のイストワールで肉付けして、別の物語を作ることもできます。上記の「マイティマック」の物語も、例えば〈主役を双子の男の子に変えて、送り手を両親、観光客を親戚の幼い女の子に変え、親戚（受け取り手）の家まで連れて帰る〉というようなストーリーにも翻案できますね。敵対者は、「道に迷う」でもいいし、「怖い犬と会う」でもよいでしょう。2人が力を合わせて障害を乗り越える話にすれば、結果的に「マイティマック」と同じ神話系を提起できるはずです。これが、翻案です。「ロミオとジュリエット」の翻案として「ウエストサイド物語」があり、時代劇である「七人の侍」（黒澤明監督）が西部劇「荒野の七人」に翻案された例もありますね。

■ 東西ゴジラの違い

一方、イストワールは似ているのに、ディスクールが異なるといった例もあります。例えば、「ゴジラ」（東宝）とハリウッドで製作された「GODZILLA」がそうです。

タイトルも同じだし、ゴジラが水爆実験の影響で登場した点も同じです。ストーリーも、おおまかなところは共通で、まずゴジラは島や漁船を襲い、次第に陸に近づいて、上陸して町で暴れ、最後は人間の手によって退治されます。しかし、東宝版とハリウッド版を見比べると、印象に少し違いがあります。

物語理論的にいうと、どちらの物語でも、ゴジラは策を弄する敵ではなく、いわば自然災害のような敵対者で、主人公はこれと対峙する人間たちになりま

す。ところが、人間たちをめぐるディスクールが東宝版とハリウッド版では大きく異なるのです。

■兵器開発に警鐘を鳴らす東宝版ゴジラ

東宝版「ゴジラ」(1954)は、もともと、第五福竜丸被爆事件をきっかけに企画された映画ですから、本編のメッセージは原水爆実験や兵器開発競争への警鐘です。主人公の尾形は問題解決のための進行役のような役割で、恋人の恵美子は父・山根博士（援助者）と元婚約者の芹沢博士（贈与者）という２人のキーパーソンとつながりを持っています。物語は、尾形と恵美子の目を通じて進みます。水爆実験によってもたらされた災厄をどのように解決していくべきなのか、いくつかの考え方を取捨選択していくようなディスクールが軸です。物語の最後で芹沢博士が命と引き換えにゴジラを倒しますが、山根博士は呟きます「あのゴジラが最後の１匹だとは思えない。もし水爆実験が続けて行われるとしたら、あのゴジラの同類がまた世界のどこかへ現れてくるかもしれない」と。この映画におけるゴジラは「海底に棲息する古生物が水爆実験によって地上に現れた」という設定です。つまり、ゴジラは水爆では死なないのです。この点が兵器開発競争への憂慮をいっそう強調しています。

■パニック映画の「GODZILLA」

こうしたディスクールは、ハリウッド版「GODZILLA」(1998)にはありません。主人公は、チェルノブイリでミミズの変異を研究していた学者・ニックと、彼を慕う元・恋人のオードリーです。物語はこの２人の復縁と成功への道が軸になり、軍隊（援助者）の作戦やフランスの秘密情報員フィリップ（贈与者）の協力のもとゴジラは退治されます。

「GODZILLA」は東宝版の44年後に作られたため、この間に流行したパニック映画の諸要素がふんだんに盛り込まれていますし、もちろんCGもよくできています。

しかし、まずは設定の問題として、ゴジラは東宝版のような不死身の怪物ではありません。州軍との攻防で傷を負ったり、最後には通常兵器で殺されます。したがって、この物語は東宝版のディスクールが提示した「兵器開発競争への

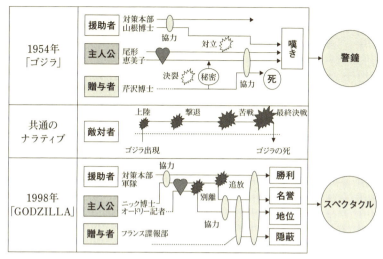

図表 5-3　神話系の転換

憂慮」を生まないのです。

　反核メッセージの要素も乏しいといえます。台詞でわずかに〈ニックが学生時代は反核運動のメンバーで、現在は研究者として「中から変えようとしている」〉という背景が語られるくらいです。フィリップに至っては、核実験の影響を隠蔽するためにフランスから派遣されたという設定ですから、この物語は原子力に関してどちらかといえば現状肯定的なスタンスであるといえるでしょう。

　2つの作品のDVDが手に入るようでしたら、ぜひ見比べて、プロットによる分析を行ってみてください。

　さて、このようなディスクールの違いは、物語によって提起される神話系の違いにつながります。では、神話系とは社会といったどのような関係にあるのでしょうか（図表5-3）。

4 ディエジェーズと神話系

(1) ディエジェーズと社会

■スター・ウォーズの世界

　すでに述べたとおり、ディエジェーズ（物語世界）とはもともと「画面外世界」を意味します。例えば、「スター・ウォーズ」のシリーズでは、毎回いくつかの惑星が舞台となり、それらの総体としての銀河共和国（エピソード4～6では銀河帝国）を観客は意識します。ところが、銀河共和国（ないし銀河帝国）の全容を説明するような場面はなく、いったいどのくらいの広がりを持った世界なのかはわかりません。実際に映画で描かれるのは、砂の惑星タトゥイーンや、密林の惑星ダゴバ、議会やジェダイ評議会のおかれた首都・惑星コルサントといった、1つ1つの惑星とその風景の一部です。アナキンやルークの出身地であるタトゥイーンはシリーズを通じて登場する舞台ですが、実際に場面として描かれるのは、スターシップが降下（あるいは出発）するさいに見える惑星の全景と、空港、ルークの家、郊外の砂漠や山、ギャングのジャバ・ザ・ハットの城や競技場など、「個別の地点」にすぎません。それでも、観客は、タトゥイーンの地表は砂に覆われて、ときどき大きな砂嵐が町を襲うといった環境であると受け止めます。銀河共和国の全容も、こうした認識の総体として受け止められ、観客の意識に1つの統一された世界観を形成します。

■意識の中で広がるディエジェーズ

　同じような世界観の形成は、西部劇にも、時代劇にもあります。スター・ウォーズの世界は「はるかはるか遠い昔」と冒頭のテロップで示されますが、SF活劇以外の物語では、多くが歴史上の特定の時代の特定の地域をモデルに世界観が作られます。「パイレーツ・オブ・カリビアン」であれば、大航海時代のカリブ湾がモデルですね。海の魔王・デイヴィジョーンズや怪物クラーケンなどの荒唐無稽なキャラクターとともに、イギリス海軍や貿易会社など、史実に従った組織も出てきます。これらはもちろん、映画が企画されるさいに製

作陣が決める基本設定ですが、観客がこれを認識するのは、ナラティブにおける個々のエピソードや、人々の服装やセリフなど、レシにおける記号や言葉によってです。これらの時代的・地理的要素というのは実際には限定されているのに、観客の意識の中では大きな世界として広がっています。

したがって、ディエジェーズは物語によってその一端が提示され、観客自らの意識の中で作られる、ある種のイリュージョン（幻想）であるといえます。もちろん、特定の時代・地域をモデルにしていたとしても、史実としての世界とは異なります。物語は、記号の作用とそれじたいの進行によってディエジェーズを作り、そこに1つの神話を投じるのです。

■換喩としてのディエジェーズ

とはいえ、劇映画の作り出すディエジェーズが、まったくの絵空事なのかといえば、そうではないかもしれません。時代設定が過去でも未来でも、そこにはさまざまな職業や役割、生産・消費などの経済活動や、政治、法制度、組織などが描かれ、現実の隠喩（メタファー）として機能する部分があります。観客はときに、その世界の中に自分の現実の立場を投影することもあるでしょう。

(2) 神話系と社会

■物語は方程式

では、ディエジェーズに投じられる神話とはいったいなんでしょうか。

第1章でも触れましたが、フィスクとハートレーは『テレビを〈読む〉』（未來社）の中で、記号の意味作用の3つめの段階として、「**神話系**」という言葉を使っています。バルトの指摘した、第2段階の記号の意味作用によって生まれる神話は厳密には「神話素」（ミテーム）と呼ばれ、「神話系」とは区別して捉えられます。

「神話素」とは、簡単に言うと「○○らしさ」のことです。例えば、「男性らしさ」としてマッチョな力仕事を成し遂げる場面を使ったり、「金持ちらしさ」を示すために小道具として「ドン・ペリニヨン」を使ったりといった感じで、映像作品ではショット単体や場面の形で示されます（46頁参照）。

物語全体が示す「神話系」は、因果律や価値の体系です。〈因果応報〉〈奢れ

るものは久しからず〉〈勧善懲悪〉〈天才とは99％の努力と1％の才能の結果である〉等々、さまざまな価値観のことです。

　これらの意味は、逐語的に、つまり1つの単語などによって示すことはできません。例えば〈1 + 1 = 2〉とか〈$(x+y)^2=x^2+2xy+y^2$〉といった数式と同じような、ある種の論理（ロジック）だからです。物語によって示される神話系とは、いわば社会的な因果関係を示す方程式のようなものなのです。

■神話系はかき寄せられる

　これらの神話系は、必ずしも物語が独自に構築するとはかぎりません。むしろ多くの場合は、すでに社会に流布している価値体系が、物語によってかき寄せられます。例えば、前述した「きかんしゃトーマス／マイティマック」の示す神話系は〈反目しあうよりも協力しあったほうがメリットがある〉という教訓です。それは「トーマス」の物語が作り出した価値観ではなく、もともと社会にあったものです。社会を維持発展させるために、大人たちが子どもたちに示したい教育的なメッセージの1つです。つまり、物語とは社会の中で、大勢的なものの見方を提示し、確認・共有されるための装置といえます。

(3) 神話系の機能

■既存の価値観を追認するエンターテイメント

　「きかんしゃトーマス」ほど教訓的な神話系ばかりではありませんが、特に、エンターテイメントを目的とした映像作品＝劇映画やテレビドラマでは、少なくとも公開されるさいの現実世界において、普遍的であまり異論の余地がないような価値体系を示す傾向が強くなります。

　これは、第1に経済的な理由です。規模の大きなエンターテイメント作品は大きな資本によって作られ、大衆を対象に公開されます。作品のメッセージに大衆の支持が得られなければ、興行的に成功しません。観客は、常に目新しい映画を見ながら、実は既存の価値観を再確認して「感動している」のです。多くの場合、エンターテイメントは既存の神話系を追認します。

　第2に、文化的な理由があげられます。社会にはいろいろな形でホメオスタシス（自己保存）的なインセンティブが働きます。たとえ興行的に成功しても、

その作品が公開される社会の固有の文化的価値＝倫理性を揺るがすような内容のものは批判を受け、製作者や興行主の信頼を損ねますから、避けられる傾向があります。

■社会の反応

例えば、エイゼンシュテインの「戦艦ポチョムキン」は、内容的には共産主義のプロパガンダ（政治的宣伝）ですから、公開当時、反共的立場であったアメリカやヨーロッパでは公開禁止でした。

映画の内容が現実世界の悲劇につながったケースもあります。最近、アメリカ映画「イノセンス・オブ・ムスリム」（2012）が、イスラム圏で預言者ムハンマドを侮蔑的に描いたとして批判を受け、リビアでアメリカ領事館が攻撃され死者が出るという事件がありました。その理由は、単に内容が反イスラム的であっただけではありません。イスラム圏では偶像崇拝が禁じられており、預言者ムハンマドを視覚的に描いたこと自体も、宗教的には問題だったといわれています。

個人的な価値観の違いによって、反応が異なる映画もあります。ペネロペ・クルスの出世作で、1992年に製作されたスペイン映画「ハモンハモン」は、第49回ヴェネツィア国際映画祭で銀獅子賞を受賞するなど、ヨーロッパでは評価の高い作品です。しかし、ネット上の無料動画GYAOでの配信に寄せられたユーザーコメントを見ると、日本では極端に賛否が分かれているようです。この映画では、〈登場人物のほとんどが互いに性的関係にある〉という、実験的とはいえ奔放な人間関係が描かれているからです。「さすがスペイン人、食欲も性欲もすごい」と賞賛するような声と、「気持ち悪くて見ていられない」と拒否反応を示す声の両方があります。「ハモンハモン」の物語は悲劇的な結末を迎えるので、必ずしも「乱倫」を肯定する話ではないと僕は思うのですが。

■CM・渇望の物語

劇映画やテレビドラマとは異なり、CMのディエジェーズは現実世界そのものを象徴する記号作用によって、恣意的な神話系を示します。その物語世界は、ひと言でいうと「渇望」に満ちたものです。

例えば、洗剤の CM は〈洗濯物のシミが落ちないことに悩む主婦〉を提示します。これは、視聴者が今使っている洗剤の限界を指摘し、新たな洗剤の購入を勧めるロジックです。そして、すべての洗濯物がよりキレイである生活をディエジェーズとして提示するのです。

保険会社の CM は、少し現実離れしたような〈豊かで平和な暮らし〉の点描を並べます。保険は「商品」としての実体がない「サービス」ですが、安心感のあるディエジェーズをアピールすることで、その必要性を主張します。

尺が 15 ～ 30 秒と短いため、ナラティブによるメッセージ構築よりも、記号作用によるテクニックが多用される分野です。そこにもたくさんの神話のかき寄せがあります。ビールの CM に登場する麦畑やポテトチップスの CM に登場するじゃがいも畑は、視聴者の自然志向に訴えるものです。〈人工的なものよりも、自然の産物が素晴らしい〉という価値体系を、商品のアピールに利用しているわけです。

CM のモデルとして有名人を起用する理由も、記号的に解釈されます。その有名人が社会的に獲得したイメージ（神話）を商品に付与するのです。これを、広告記号論では「意味の移転」と呼びます。こうした CM のテクニックを読み解ける自覚的な消費者を育てるというのも、メディア・リテラシー教育の目的の 1 つです。

第6章　ドキュメンタリーの物語構造

1　映像表現とリアリズム

■古典的なリアリズムの視点

　さて、いよいよドキュメンタリーの考察に入りましょう。特にドキュメンタリーのあり方を考える場合、避けて通れない問題点は、現実世界と映像表現の関係性です。

　映画と現実の関係について、はじめて問題提起を行ったのは、1940年代に活躍した批評家アンドレ・バザンです。「映画より事実を信じる」と主張するバザンは、モンタージュなどの人為的操作はあくまでも「透明性」を持つべきだと考えました。映像のミメーシス性（再現性）を重視し、モンタージュを控えた映像表現を評価したのです。

　会話などをモンタージュする代わりに、パンフォーカス（画面全体でピントが合っている状態）による奥行きのある設定配列のショットを使うべきだとします。バザンはその例として「市民ケーン」（オーソン・ウェルズ、1941）のショットを挙げています。また、映画の中の時間と現実の時間が同じである「ロープ」（ヒッチコック、1948）のような作品も賞賛しています。

　バザンはモンタージュによる「操作」を回避することで、リアリズムが生まれると考えたのです。バザンの影響を受けたといわれるヌーベルバーグの映画では、デクパージュを避けた会話の場面が多く登場し、ゴダールの「気狂いピエロ」（1965）のように、希薄なディスクールとショットの美しさが際立つ作品もあります。映画を美術的に鑑賞したいと考える、映画狂（シネフィル）と呼ばれる層もこの時期に生まれました。

　ただし、リアリズムとはあくまでも「現実らしさ」であって、現実そのものではありません。デクパージュを避ければ、ショットの意味が多義的になるこ

とは避けられません。また、モンタージュによる場面構築を避ければ、ロジカルな物語構築が困難になります。つまり、様式の解体をすればするほど、わかりにくい映画になっていくのです。

　すなわち、映画狂たちが「芸術的」と賞賛する映画は、難解さを読み解いて理解すべき対象ではなく、曖昧さをそのまま受け入れるべきものであると考えるほかありません。そうした映画は、分厚い学術書のような難しさを持っているのではなくて、はじめから意味を放棄しているか、ショットを耽美的に鑑賞されることを期待して作られているのです。

■「透明性」の解体を志向するリアリズム

　こうした伝統的なリアリズムは、どちらかといえば人為性を隠す手法を志向していましたが、最近では逆方向のリアリズムが流行っています。家庭用ビデオカメラが一般化した1980年代以降は、例えばアマチュアが撮った手振れのある主観的なショットが、リアリティのあるものとして受け取られる風潮があります。揺れた画面がモンタージュに異化作用をもたらし、作り手の存在を暗示するのです。

　ただし、これもまた、リアリティと同義ではないと僕は思います。以前付き合いのあったジャーナリストで、「戦場ではわざとカメラを揺らす。そのほうがテレビ局は喜ぶんだ」と言っていた人がいますが、そんなふうに撮影テクニックの1つとして回収されてしまえば、それ自体が人為的でありリアルを意味するものではなくなります。

　リアリズムを志向するあらゆる異化作用は、表現手法を多彩にするという点では意味がありますが、完全に人為性を排除することはできません。なぜなら、テクニック以前に、対象を選ぶことじたいがそもそも人為的だからです。

2　現実世界と物語構造

■ドキュメンタリーと現実

　この問題を事実を対象とする映像ジャーナリズムに照らして考えてみましょう。ニュースやドキュメンタリーは現実を対象に物語を作ります。このときレ

シやナラティブの構造は劇映画とほぼ共通です。そして劇映画と同じようにディエジェーズ（物語世界）を形成します。その世界観は多くの人々にとって生活に必要なものであり、特にテレビにおいては社会的使命を負っています。

　もちろん劇映画の場合、物語を形成するのは架空の人為的に模倣された出来事ですが、映像ジャーナリズムの場合は、現実に起こる出来事です。この違いは、物語構造上は以下のように整理できます。

　①レシのショットは、現実の断片であり、同時に共示義もしくは神話である（46頁参照）。場面には直接話法・間接話法・言説話法が併用される。
　②ナラティブのイストワールは現実の情報を伝え、ディスクールが問題提起を行う。
　③ディエジェーズは、現実から再構成された世界観であり、投じられる神話系は現実についてのものである。

　このように映像ジャーナリズムにおける物語構造は、話法の使い方に特色があるという点を除けば、劇映画と同じです。単純にいえば、ニュースやドキュメンタリーは「現実を題材にした映画」です。

■物語構造の二重性

　だからといって、こうした「映画」が伝える現実が現実そのものなのではありません。題材や取材対象の選び方にも恣意があります。レシのレベルでは現実の風景の断片を使いますが、そこでも技術的な取捨選択があります。ナラティブで示されるエピソードは現実に存在する場面ですが、これを取捨選択し並び替えるディスクールが背後にあります。したがって、投じられる神話系は現実に関する1つの仮説であって、それらの集積であるディエジェーズも再構成された現実世界なのです。

　つまり、映像ジャーナリズムには「情報を伝える」というコミュニケーション過程と、神話系を提示する物語構造が同時に存在するのです。

　例えば、実在する医師ａ先生の労働問題を描くテレビドキュメンタリーがあったとします。レシのレベルでは具体的で正しい情報を伴ってａ先生の物語は

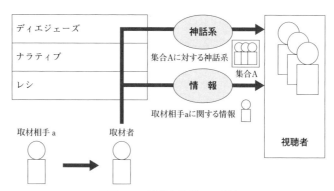

図表 6-1 情報と神話の二重性

語られ、終わります。しかし、その物語が言いたいことは全国の医師の集合Aや医療界全体の抱える問題であって、個別具体的なa先生の実情を訴えるために作られるのではありません。同じように、街角でインタビューに答える主婦bさんがいたとすれば、ニュースはbさん個人を紹介するためではなく、「主婦たちBの意見」を伝えるためにこれを流しているのです。

　ニュースやドキュメンタリーに実名を伴って登場する人物aやbは、実在の人物aやbとして情報伝達の一端を担います。その一方、物語構造を通じて、その人物が属する集合AやBに関する問題を象徴的に示すのです。いわば「情報と神話の二重性」が、映像ジャーナリズムを成り立たせています（図表6-1）。

　結局のところ、リアリズムは単なる手法にすぎません。映像作品は事実そのものをありのままに伝えることはできないのです。

3　ドキュメンタリーの物語構造

(1) ドキュメンタリーにおけるレシの特徴

■ドキュメンタリーの話法

　では、改めてドキュメンタリーの物語構造について、詳細に述べていきましょう。レシの次元における表現は基本的には劇映画と共通ですが、話法のバラ

ンスという点では違いがあります。劇映画のほとんどが直接話法で語られるのに対して、ニュースの多くは言説話法を主に使います（74頁参照）。つまり、映像そのものよりも、原稿の文言が物語を作るのです。ドキュメンタリーの場合は、以下のように3つの話法が場面ごとに使い分けられる点に特徴があります。

①ニュース・ドキュメンタリーにおける直接話法
　事実から再構成された映像や現場音そのものによる、再現性の高い場面
②ニュース・ドキュメンタリーにおける間接話法
　問題の当事者や専門家のインタビュー場面や記者会見などの発言
③ニュース・ドキュメンタリーにおける言説話法
　関連映像やテロップ、ナレーションを主軸とする場面

　現実を相手にするドキュメンタリーでは、劇映画のように過去や未来のエピソードを再現することはできません。台詞の操作によって人物を紹介することもできません。社会問題や自然科学などに関して、学問的な知見を解説しなければならない場面も多くあります。そのため、情報伝達の手段として間接話法や言説話法が必要になるのです。

■話法のバランス
　しかし、これらの話法がどの程度組み合わされるかについては、作品によってまちまちです。
　欧米のテレビドキュメンタリーの中には、言説話法と間接話法だけで作られるものがあります。つまり、「ナレーション―インタビュー―ナレーション―インタビュー……」と延々続くのです。たいていはロジカルに編集されていて、物語構造はしっかりしているのですが、日本人の感覚からは、目まぐるしく少し息が詰まるような印象です。
　逆に、直接話法だけで作られたドキュメンタリーというものも存在します。ニコラウス・ゲイハルター監督の「いのちの食べ方」（2005）はその一例です（図表6-2）。この作品には、タイトルとクレジット以外まったく文字は入らず、ナレーションもありません。人の声は入っていますが、インタビューではあり

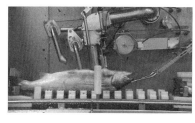

図表 6-2 「いのちの食べ方」(左)「隣る人」(右)

ません。農場で野菜がシステマティックに作られる様子、豚や牛、鶏が全機械化された工場のような屠殺場で肉に変わっていく様子、魚の内臓が機械でえぐられて缶詰になっていく様子などが、長いショットのモンタージュによって描かれるだけの映画です。あえていえば〈動植物が食べ物になる〉という流れが唯一のストーリーですが、日ごろ口にしているものが、機械的に奪われた生命によってできているということを見せつけられて、多くの人が衝撃を受けます。同時に、ゲイハルター監督の作るショットは、ミザンセヌ(被写体配置)が美しいので、地獄絵図を見るようです。

　また、直接話法の表現それ自体が、たくさんの情報を持つ作品もあります。刀川和也監督の「隣る人」(2011)という映画で、2012年度文化庁映画賞大賞を授与されています。

　児童養護施設に8年間密着し、ある職員と1人の女の子の関係と成長を見守った作品です。この作品も、タイトルとクレジット以外にテロップはなく、ナレーションも一切ありません。インタビューも少なめです。しかし、全体的にしっかりとした構成で物語が構築されており、決して気をてらった作品ではないのです。何よりも驚くのは、通常ドキュメンタリーの理解に必要となる情報のほとんどが、登場人物の会話の内容ではっきり理解できる点です。つまり、話法という点において、これは劇映画とほぼ同じ手法で作られたドキュメンタリーなのです。たいへん稀有な例だと思います。

　ただし、どちらの作品にも共通するのは、補足情報がなんらかの形で保障されている点です。「いのちの食べ方」の場合、観客にとって家畜や野菜につい

ての知識は日常的で、必要な情報をすでに持っています。「隣る人」の場合は、映像素材それじたいに情報がほとんど含まれているのです。

こうした作品は、現実の再現性が高いという点で、特にシネフィル（映画狂）の人々には好評です。しかし、どんな作品でも上記のような補足情報が得られるとはかぎりません。補足情報がなく直接話法だけで作られた映画は、輪郭がぼやけたものになり退屈な印象になります。

したがって話法は、作品ごとの製作条件に応じて適宜バランスをとっていくのが一番よいのではないかと、僕は思います。

(2) ドキュメンタリーにおけるナラティブの特徴

■ドキュメンタリーのナラティブ

ドキュメンタリーのナラティブは、イストワールが現実を再構成したエピソードからできている点に特徴があります。しかし、ドキュメンタリーの場合、事実は作られるのではなく、選ばれるのです。各々のエピソードの位置づけや、並べる順序などは、作り手が判断しています。つまり、事実の連鎖のように見えても、その背後にはディスクールがあるのです。そして、劇映画などと同じく起承転結の展開があります。

ただ、エンターテイメントである劇映画と比べると、ドキュメンタリーの展開は人物関係などよりも社会問題の提示や克服に力点がおかれるケースが多いように思います。その基本的な展開は下記のようなものです。

〈起＝引き付ける〉　問題の一端を示したり、主人公を紹介して、問題提起を行う。

〈承＝わからせる〉　問題の背景や、主人公の人生の経緯などを解説し、焦点に導く。

〈転＝驚かせる〉　劇的に問題点を印象づける場面や問題を克服する場面を見せる。

〈結＝気づかせる〉　結論＝行動の結果とこれからの展望～なんらかの神話系を提示する。

■ ドキュメンタリーの人物機能

　また、ドキュメンタリーの多くに劇映画と同じく人物機能が認められますが、劇映画のそれとは少し様相が違います。

　〈主人公〉が誰かから課題を与えられた立場であれば〈送り手〉は存在しますが、そうでなければ〈送り手〉がいない場合があります。

　これは〈受け取り手〉も同じです。例えば、主人公がミュージシャンならば観客が〈受け取り手〉です。商品開発者であれば、顧客が〈受け取り手〉です。つまり、これは主語と目的語の関係で、課題の克服が他動詞的です。しかし、主人公の課題が自己実現的な場合は、課題の克服が自動詞で、目的に特定の対象者がいない場合もあります。

　また〈敵対者〉は必ずしも悪意ある人間とはかぎりません。どちらかといえば、なんらかの困難な課題を意味する場合が多いと思います。または、行政や権力的な組織である場合もあります。

　〈援助者〉は文字どおりの形で存在することがありますが、〈贈与者〉はしばしばディスクールを学問的に権威づける存在として登場します。例えば、環境問題を扱う作品に登場する科学者や、人権問題を扱う作品に登場する法律家などです。〈贈与者〉は何か特権的な力で〈主人公〉を後押しするのです。

　ドキュメンタリーでは劇映画と異なり、キャラクターを作ることはできません。そこで、企画の段階で実在の人物の中から、機能に応じて登場人物を選び、全体としてバランスがとれるよう物語の想定が行われます。〈主人公〉は、題材となる問題と多面的に関わりを持つ人物が選ばれます。その他の人物機能は、その人物を中心に実際の人間関係の中から絞り込まれます。〈贈与者〉は、事前取材などでヒアリングに協力した学者や専門家の中から選ばれることが多くなります。これらの選択では、「実際に撮れるかどうか」という取材の実現可能性や、「映像で描いたときにわかりやすいかどうか」という点も、判断基準になります。

　ドキュメンタリーは、ともすれば〈撮っていたら自然と物語になった〉ように見えますが、実は企画段階で人物が意図的に選ばれているのです。

	ニュースリール型	コンティニュイティ型			
		ヒューマン型	併説型	事例型	リポート型
時間軸	時系列的展開	論理的展開			
主軸		イストワール優位	⇔	ディスクール優位	
印象		現実感	⇔	論理的	
対象	個人の人権に関わる分野	法制度などが絡む社会分野			科学、経済、産業

図表 6-3　ナラティブの展開型

■ナラティブの展開型

　このように物語構造を有したドキュメンタリーは、一般に「コンティニュイティ型」と呼ばれます。単に時系列に出来事を並べたものは「ニューズリール型」と呼ばれ、しばしば物語を放棄する（観客に委ねる）場合があります。

　なおコンティニュイティ型に関しては、人物機能の選択や話法のバランスに応じて、ドキュメンタリーのナラティブのタイプを、僕は便宜上以下の4つに分類しています（図表6-3）。

①ヒューマン型＝直接話法を主とし、主人公の行動が物語を進める。
②併設型＝ヒューマン型の展開と、言説話法による解説を併用する。
③事例型＝言説話法が物語を進め、エピソードによって主人公が交代する。
④リポート型＝主人公が存在せず、言説話法が主となるもの。

　再現性は①〜④の順に高く、ディスクールは④〜①の順に明確です。つまり、ヒューマン型は人物主導なので現場感を強く感じる型ですが、リポート型はナレーションが進行するので理屈っぽく感じられます。

■「渋谷ブランニューデイズ」のナラティブ

　では、ここでケーススタディとして、拙作「渋谷ブランニューデイズ」のナラティブについて述べてみたいと思います。ドキュメンタリーのナラティブも、劇映画と同様にプロットの形で整理できますので、次頁に示します（図表6-4）。

　この作品の舞台は、渋谷区役所の駐車場です。そこに寝泊りする宮沢徹雄さ

	#	イストワール（物語内容＝場面）	ディスクール（物語言説＝意図）
起	1	渋谷駅〜区役所駐車場　宮沢さん登場　配食の風景	物語の舞台と主人公の紹介
承	2	都内の野宿者点描　山谷の風景　年越し派遣村	野宿者問題の歴史的背景の解説
	3	宮沢さんが野宿に至る経緯（再現）	路上生活の厳しさ解説／内的焦点化
	4	駐車場を拠点とした宮沢さんの一日	屋根のある場所の大切さを示す
	5	支援者登場　活動の経緯と概要　野宿者差別の実例	援助者の思いを紹介　支援の障害としての差別
	6	アルミ缶集め　宮沢さんの仕事　仲間と食糧を分かち合う宮沢さん	野宿者に勤労意欲があることを示す　仲間同士の支え合いを強調
転	7	再開発に伴う追い出しの例（堅川）　渋谷の再開発＝駅周辺・宮下公園	都市再開発と野宿者追い出しの関係を解説
	8	駐車場の夜間・休日閉鎖問題の経緯　宮下公園行政代執行〜越年	立ち上がる野宿者の勇気と行政の冷たい対応の対比〜仲間の結束を強調
結	9	冬の支援活動〜3・11震災の影響　駐車場への危機再来〜回避	駆けつけた宮沢さんの思いを通じ居場所の維持を訴える

図表 6-4　「渋谷ブランニューデイズ」のナラティブ

んという〈主人公〉、〈援助者〉として、楡原民佳さんという支援ボランティアの女性がいて、全編の主軸になっています。その間にさまざまなホームレス問題の局面を示す場面が挿入されていて、全体として「ホームレス問題の教科書」のような構造になっています。これは、ディスクールの型としては、テレビの報道特集によくある「併説型」です。

物語の「起」は、雪の降る渋谷駅に山手線が滑り込むところから始まります。大勢の人が行き交うスクランブル交差点から、カメラは次第に雪の中を歩く野宿の人々にフォーカスし、区役所の駐車場へと向かいます。冒頭に出てくる雑踏の風景は、一般の人々の知る渋谷と野宿する人々の世界との「境界」になっています。駐車場では〈主人公〉の宮沢さんが紹介され、〈援助者〉であるボランティアの炊き出しの風景が描かれたあと、この「居場所」を大切に思う宮沢さんの気持ちが示されます。

「承」では、なぜ多くの人々が野宿に陥ったのかという背景を描いたあと、宮沢さんが野宿に陥った経緯を語ります。前半部分は、日雇い労働者の街であ

る山谷の風景や、工事現場のイメージ、2008年末の年越し派遣村の風景などを使ったマクロの視点からの背景で、これに続くのがミクロな視点からの宮沢さんの物語です。「併説型」では、こうした「一般則と具体例の行ったり来たり」を場面ごとに揃えます。

　彼が区役所に辿り着くまでの経緯が、再現映像とインタビューによって描かれ、次に1日の生活が直接話法的に語られます。このくだりが、〈主人公〉のキャラクターを設定しています。

　次に、〈援助者〉である楡原さんが登場し、支援活動の紹介から「野宿者に対する差別」に話題が移り、世の中の偏見に対する反論のような形で、野宿する人々の都市雑業や支え合いの姿、居場所の大切さを語ります。

　ここで、物語は「転」を迎え、都市開発に伴う行政による野宿者排除に話題が移ります。この物語で〈敵対者〉となるのは、野宿者を排除する行政組織です。話題は主軸に戻り、駐車場の閉鎖を宣言する渋谷区と宮沢さんらの交渉の場面、また宮下公園の行政代執行のエピソードを描きます。

　閉鎖問題が起きてから、〈主人公〉の宮沢さんは支援者のように行動します。したがって、この話の〈受け取り手〉は居場所を必要とする渋谷の野宿者ということになるでしょう。ほかにも、〈贈与者〉として聖公会の司祭や日本山妙法寺の僧侶たちが登場します。そして、度重なる排除の動きの末、むしろ絆を深めた野宿者たちの姿が「越年越冬行動」を通じて語られます。一方、宮沢さんは自立を目指して駐車場を後にし、いったん物語上から姿を消します。

　「結」は、その冬の支援の風景から始まり、3・11の震災がもたらした物資不足のエピソードを経て、今度は渋谷区が炊き出しの中止勧告を行うという危機を描きます。この危機を回避させたのは、仕事先から駆けつけた宮沢さんでした。物語は、「大切な人たちを裏切れない」という宮沢さんの言葉とともに、再び雑踏の風景＝境界で終わります。

　この映画が渋谷の映画館アップリンクで公開されたこともあり、「映画を見終わった後、渋谷の風景がいつもと違って見えた」という感想を述べてくださった方が多いのですが、これは物語が設定する「境界」の効果だと思います。いつも見ている街が、映画を観ている間だけ野宿者の視点で描かれます。この映画を観る皆さんは「境界」によって、空間ではなく社会的な立場の違いを越

えるのです。

(3) ドキュメンタリーにおけるディエジェーズの特徴

　このようなドキュメンタリーの神話系もまた、視聴者の意識の中に現実世界そのものを題材としたディエジェーズを形成します。テレビ報道は、新聞やラジオと同じように、社会で起きている出来事をいち早く人々に知らせる役割を期待されています。ニュースや天気予報、あるいは政治動向や株価の情報などによって、私たちは自分の住む社会の全体像を知ることができます。

　しかし、その世界観は必ずしも現実の忠実な再現であるとはかぎりません。それは、事実をもとにしながらも人為的な操作を経て提示される、さまざまな神話系の総体であり、大きな問題を孕んでいます。

第7章 逆相化への批判と超克

1 ディエジェーズの乖離

　フィスクとハートレーによれば、テレビは「語り部」であり、社会体制を維持するための物語を語るものです。**ルイ・アルチュセール**はマルクス主義の視点から、メディアもまた生産関係を再生産する「国家のイデオロギー装置」だと述べています。**ジャン・ボードリヤール**は「実体なき記号（シミュラークル）が一人歩きしている」として、メディアが形成する世界観を「ハイパー現実」と呼びました。

　立場によって用語も文脈も少しずつ違いますが、実は彼らは皆、同じことを指しているのです。本書の文脈に沿っていうと、それは映像ジャーナリズムの神話系が現実とかけ離れたディエジェーズを作り出しているという点です。

　多くの人は、映像ジャーナリズムから情報を得ていると思っています。しかし、ニュースやドキュメンタリーの物語構造は常に人為的判断を伴っており、情報（イストワール）を装ったメッセージ（ディスクール）によって社会に神話系を投じています。それが時として、現実を誇張し、あるいは無視しながら、現実とは異なる世界観を与えるのです。

　したがって、映像ジャーナリズムの批判や、自覚的な制作のためには、物語構造の各次元で、情報とメッセージ、すなわちイストワールとディスクールの峻別をきちんと行わなければなりません。この点は、メディア・リテラシー教育のもっとも重要なポイントです。いかに現実を映した映像の断片が使われていても、〈再構成された世界〉の本質は、現実についての言論の集積でしかないのです。

2　人為的操作

■レシにおける人為的操作

　では、現実とかけ離れたディエジェーズは、どのように生まれるのでしょうか。物語構造の各次元で検証してみましょう。

　レシの次元の操作は、話法別に見るとわかりやすいです。

　直接話法は、もっとも再現性の高い場面の作り方ですが、ショットの選び方や順列といった点には意図があります。前後のショットで意味を方向づけたり、なんらかの記号を強調する、あるいは意図的に無視することができます。

　例えば、クリスマスシーズンの街を撮ったとします。現実にはクリスマスに関わるデコレーションは風景の中の部分であり、まばらに点在しているかもしれません。しかし、これを集めたショットを並べれば「クリスマス商戦」のイメージが作れます。これは 68 頁で述べた独立的モンタージュの場合ですが、その他のモンタージュでも同じです。

　間接話法＝インタビューは、撮るさいには 20 分前後から、長いときは 1 時間以上の時間をかけて撮られますが、実際に使われるのは全体の一部です。発言者の語りの文脈からはいったん切り離され、取捨選択されて物語のディスクールに組み込まれます。

　言説話法は、関連するショットでモンタージュされた場面にナレーションが流れるものです。具体的なショットを使う場合もありますが、CG で作られたフリップや、類似したイメージ（雑感／フィラー）を並べる場合もあります。これはもっとも恣意的な、いわば物語のディスクールがそのまま露出している場面です。その意味は映像そのものよりもナレーションの文言に支配されます。第 4 章ですでに述べたように、ナレーションの機能は投錨と中継ですから、ディスクールの舵取りの役割をはたすとともに、なんらかの意見を主張することもできます。こうした場面では音楽が流され、共示義的になんらかの感情、すなわち恐怖・疑義・不安・安心・喜びなどを強調し、場面の意味の方向づけが行われることもあります。また、テロップはどの話法でも投錨の機能、すなわち、固有名詞の特定や概念の提示、音声の強調などの役割で使用されます。

つまり、レシの次元における人為的操作は下記のように整理できます。

①ショットの選び方とつなぎ方
②インタビューの使い方
③ナレーションやテロップの文言

これらの点は、ショット分析や180頁で述べる構成原稿の再現によって確認することができます。

■ナラティブの操作

　ナラティブの次元のうち、イストワールは現実の断片から再構成されて、個々のエピソードになります。このとき、どういう場面をどのような順番で並べるかという選択がディスクールに沿って行われます。並べ方が変われば全体の印象も変わります。この点も人為的操作の1つです。83頁で述べたプロットの再現をすることによって確認することができます。

■表現を牽引する神話系

　これらの操作は企画意図、すなわち神話系に沿って行われます。映像で紡がれた物語は、観客にとっては事実から導き出されているように見えますが、必ずしもそうではありません。制作のワークフローにおける企画意図は、実際の撮影などよりも前に検討されるのが普通です。こうしたプロセスや、さまざまな人為的操作それ自体が問題なのではありません。問題の本質は、企画がどのような根拠のもとで作られているかという点です。

■神話系の根拠

　例として序章で述べた生活保護バッシングについて考えてみましょう。
　生活保護問題対策全国会議が批判したテレビ報道の中に、こんな場面があります。生活保護費の支給日に列をなして並ぶ人と、脇に抱えたブランド品のバッグをモンタージュして、いかにも受給者全体が華美な生活をしているかのように組んだ場面です。「ブランド品」が本物かどうかも定かではありませんが、

明らかに「不正受給者が多い」という偏見にもとづくモンタージュです。

　実際の統計では、生活保護受給者の8割は障がい者や高齢者です。この統計に従ってイメージを作るのであれば、列の中で杖をついている人や、背中の曲がったお年寄りを選んで撮るだろうし、それらのショットをつないで場面を作るのが順当だろうと僕は思うのです。

　つまりこの例は、実際には数パーセントにすぎない不正受給の存在を実証性の乏しい映像素材で強調して、生活保護受給者全体のイメージを損ねる意味作用を作り出していることになります。バッシングに抗議する人々の感じている不公正さの1つが、そこにあります。

　この件に関して、法政大学教授の水島宏明さんは、厚生労働省が過去に不正受給の発覚ばかりを記者発表していた事実を指摘しています。だとすると、こうした報道の企画意図は、現場取材や統計にてらしたものではなく、記者クラブで醸成された言説を根拠としている疑いがあります。

　報道現場での神話系がどのように形成されているのか、さらに掘り下げて考えてみましょう。

3　報道現場のシミュラークル

■企画意図をごり押しする取材姿勢

　実は僕自身も、若い頃にテレビ局の取材を何度か受け、疑問を感じたことがあります。

　それはちょうど僕が「新宿路上TV」の活動から、MXTVへのニュース提供を始めた1996年のことです。僕はNHK教育テレビ（現在のEテレ）で若者向けに放送されていた「ソリトン」という番組の取材を受けました。その放送回は「インディーズ」の特集で、既存の組織や企業とは違う形で独自の活動を行うさまざまな人々を紹介するという企画でした。メディアアクティビストやビデオジャーナリストがまだ珍しい時代でしたから、「新宿路上TV」の活動で新聞や雑誌に出ていた僕に、その一例として白羽の矢が立ったようです。取材依頼の段階では、NHK（の外注プロダクション）のディレクターから悪意はまったく感じられなかったので、快く応じました。むしろ、「インディーズ」

の1人としてとりあげられることを、誇らしく思っていたくらいです。

ところが、次第に取材が進むにつれて、彼らの意図に疑問を感じ始めました。自主販売していたビデオのパッケージを手作業で準備している風景とか、自炊の風景とか、何かやたらと「貧乏臭い様子」を彼らが撮りたがったからです。

一番不思議に思ったのは、MXTVとの関係についてです。MXTVには当時すでにニュースを定期的に納品し、それが主たる収入源になっていたのですが、それを知った彼らは、「僕が企画を売り込む場面」を撮りたいと言い始めました。あまり気が進まなかったのですが、MXのプロデューサーに許諾を得て、NHKのディレクターに連絡しました。すると、彼は電話口で「やっぱり企画を通すのは、大変なんですよね？」と何度も念を押します。しかし、コンテンツ不足だったMXTVにはいろいろな企画を持ち込むことができたので、「そんなことはありません。ほとんど通してもらってます」と答えました。数日後、彼はまた連絡をしてきて「やっぱり、企画売り込みの取材はもうけっこうです」と言うのです。

この期に及んで、さすがに僕も「これは怪しい」と思い始めました。悪い予感は的中します。放送されたコンテンツを見ると、どの登場人物も皆「いかに金銭的な苦労をしているか」という視点で紹介されているのです。僕の活動に至っては、「パッケージ作り」の場面にご丁寧にも「収入源はビデオの売上だけ」という虚偽のナレーションまで入る始末です。彼らは、僕の収入源について詳らかに知っていたはずなのですが、意図的に無視して事実と違う説明をしたのです。

ここへきて、ディレクターが「企画売り込み」を撮りたがった理由にハタと気づきました。彼は、「企画を持ち込んで放送局で却下され、落ち込む僕の姿」を撮りたかったのです。しかし、そういう「絵」が期待できないことがわかったので、その取材は中止にしたのだ、と。

性質の悪い冗談に付き合わされたみたいな事件です。さしたる実害はありませんでしたが、やはり事実と違う点があったことは抗議すべきと考えすぐさまファックスを流したところ、後日ディレクターが上司とともに謝罪にきました。

■ 報道を装ったエンターテイメント

　つまり、この事例では「いつかは認められることを信じて、独自の活動を行う若者たちが増えている。しかしその実情は悲惨だ」というような既存の神話系が、あらかじめ設定されていたということになります。いわゆる「アメリカン・ドリーム」の神話さながらに、あらゆるインディーズ活動をメインストリームの予備軍と位置づけ、少し馬鹿にするような見方です。

　しかし、僕も含めて「インディーズ」の人々は、必ずしも「上を目指したい」と考えていたわけではないと思います。どちらかといえば、独自性を大切にしている人が多いのが実態だと思うのです。この企画にはまったく反映されていませんでした。つまり報道された「インディーズ」の姿は、まさにシミュラークルだったといえます。

　もしかすると、「インディーズ」を話題にしながらも、その裏には「やはりまじめに働くのが一番」というような価値観があったのかもしれません。つまり、この特集は、報道というより「普通に暮らす人々」が、「変わった人たち」を見て面白がり、あるいはやや侮蔑することで自らの現状を改めて肯定し、楽しむためのエンターテイメントだったんだ、と考えると合点がいきます。

　謝罪にきた取材陣によれば、この企画は依頼段階で取材拒否が相次ぎ、100人紹介するつもりが30人にまで減ったこと、僕以外の多数の出演者からも同様に抗議の声を受けたことなどがわかりました。すなわち、この企画は当初より現実から乖離したものとして敬遠されており、取材過程を経ても、その点が修正されなかったということです。

　これでは、何のために取材をするのかわかりません。取材を受けるほうは、なぜわざわざ時間を割き、謝礼やギャラをもらうわけでもないのに、恥ずかしい思いをしなければならないのか、実に納得のいかない話です。

　テレビ取材を受けた人は、多かれ少なかれこうした経験を通じて、テレビへの不信感を募らせているように思います。

■ テレビ局の中のシミュラークル

　この問題をテレビ局の内部から見てみましょう。やや極端な言い方ですが、実のところ、テレビ局には机上の空論を発想する情報には事欠きません。プロ

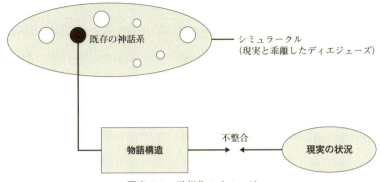

図表 7-1　逆相化のイメージ

デューサーたちは、記者発表はもちろん、ファックスで届く通信社の配信記事や他局の放送内容、新聞・雑誌、視聴者からのメールなどにもよく目を通していて、事情通です。その代わり、彼らが取材現場に出ることはほとんどありませんから、いわばメディアの作り出すディエジェーズ、ボードリヤールのいうシミュラークルを基準に、現実の世界を捉える傾向があります。

そこで、例えば「生活保護の不正受給」が話題になれば、「ウチでもやろう」という話になって、その言説の根拠を疑いもせず、先を争うように各局で似たコンテンツが作られることになります。つまり、偏見や差別的な言説を多々含む、既存の神話系から企画が作られることは決して珍しいことではありません。

こうした体制のもとで取材現場との板ばさみになっているのが、下請のディレクターたちです。1つの企画進行でもっとも取材現場で長く過ごすのは彼らです。自ら持ち込んだ企画が多いこともあって、下請のディレクターは取材現場の実感にこだわり、しばしばプロデューサーと議論になります。よく「テレビ局の下請構造が報道の質を低下させている」などと批判する人がいますが、事実は逆です。下請の人々はプロデューサーの要望を受け入れつつ、どうしたら現場の状況をよりリアルに伝えられるかについて、苦心しています。

しかし、番組を担当するプロデューサーは取引のうえでも、局内の体制の中でも強い立場にありますから、力関係の結果として、取材現場の現状と異なる企画意図で作業が進むこともあるのです。つまり、机上の空論が現場の実感よりも優位に立つということです。序章でも触れたように（図表7-1）、これを僕

は「トップダウンの報道」ないし「逆相化」と呼んでいます。幸いにも僕自身は、ほとんどのケースで取材現場から発想した意図を尊重していただきましたが、双方の意識の乖離に悩むこともありました。

■プロデューサーの意識

例えば、あるとき「ホームレスのイメージ」について、プロデューサーと議論になりました。そのときの企画は、元・野宿の人々が自ら仕事作りを行うという内容だったのですが、彼は「遠藤さんの撮ってきた人たちは、ホームレスに見えない」というのです。「では、ホームレスとはどんなイメージなのですか？」と聞き返すと、「汚くて、臭くて、だらしがなくて。それが世間のホームレスのイメージです。視聴者はそんな彼らの姿を見て、優越感を感じて喜んでくれるんですよ」と答えます。

取材対象の人々はすでに野宿生活を脱出していますから、身なりは綺麗です。野宿した体験をその場所で語ってもらう映像も撮りました。それでもなおかつ、「だらしのないホームレス像」を放送局が望むなら、意に沿えないと思いました。しかも、僕は「一般視聴者の優越感のために」野宿の人たちを撮ってきたわけではありません。

このときのプロデューサーに、決して悪意があったわけではないと思います。この事例で問題なのは、彼があくまでも既存の神話系の再現に固執していた点です。そして、おそらく彼の語る「ホームレス像」は、エリートである彼自身の差別感情をそのまま語っていて、それを視聴者に投影しているのです。

僕は、ホームレスと呼ばれる人たちの中にも勤労意欲があるということを伝えたかったのですが、そういう新たな神話系は彼には理解されませんでした。僕はそれでこの件を進めることをあきらめました。差別的な報道をするくらいなら、やらないほうがいいと判断したのです。プロデューサーは「社会に何を伝えるべきか」という重要な判断を担う仕事です。しかし、残念ながら組織的制約の中で、彼らの判断には限界があるのかもしれません。

ともあれ逆相化の本質は、マスメディアや記者クラブといった組織が、シミュラークルと化した言説を、企画制作に押し付けるところにあります。

4　逆相化への批判

(1) もし取材を受ける側になったら

■報道とどう付き合うか

　以上のような事例から考えると、テレビ報道の神話系をめぐる問題が起きるか起きないかは、今のところ「個々の企画のディレクターがいかに自律的に振舞えるか」という点にかかっています。すなわち、作り手は「トップダウンの報道」に対抗しうる「ボトムアップの報道」の方法を意識化し、共有していくべきだと思うのです。

　一方で、偏向した内容の報道は、ディレクターの矜持や責任の問題ではすまないほど、大きな影響を社会に及ぼします。したがって、これらの問題には社会全体で目を尖らせ、批判し続けなければなりません。逆に、信頼の持てる関係性によって現場の訴えを伝えてもらえるのであれば、大いに意義があるでしょう。取材を受ける側は、その判断に迷います。

　そこで、「もし自分自身や周囲の人がテレビの取材を受けることになったら」という想定で、僕なりのアドバイスを書きたいと思います。

■取材依頼への対処

　取材依頼に対しては、まず企画書を見せるよう、ディレクターに条件を出すのがよいと思います。なかなか見せたがらないとは思いますが、プロットや構成を見せるよう要求してもいいでしょう。ちなみに僕自身が取材するときは基本的に何も隠しません。相手が望むのであれば、構成を見せたり、場合によっては局の許諾を得て試写を行うこともありました。オープンで自律的な姿勢のディレクターであれば、こうした申し出に協力すると思います。手の内を見せないディレクターには取材を拒否しましょう。

　もし取材に応じるのであれば、ディレクターが撮りたがる内容や交渉時の発言についてメモを残し、リストアップしておくことをお勧めします。同じ企画でほかの誰を取材したのかなど、企画意図が作られた情報のソースを確認する

のも大切です。彼らの想定する場面を組み合わせるとどんな物語が構築されるか、並べてみればだいたい見当がつきます。なお、取材に関する条件や要望は必ずディレクターに伝えましょう。カメラマンら技術陣は物語作りの主導権を持っていません。

■現場取材への対処

　取材現場によっては、危険が伴ったり、他者に迷惑がかかる場所もあるはずです。安全確保のためのルールは、必ずディレクターに伝えて守ってもらいましょう。また、現場に顧客やサービスの対象者がいる場合には、プライバシー保護に留意します。「撮ってはいけない場所」をはっきり指示したり、逆に「撮ってもかまわない場所」を用意するという方法もあります。顧客や対象者に対しては、貼り紙などで取材がある旨告知し、トラブルを予防しましょう。

■インタビューへの対処

　インタビューを受けるさいは、必ず自分でも録音を録っておくとよいと思います。問題が起きなければそのままでよいし、意図に反する形で発言が利用された場合は、その録音から文字を起こし、どのように意図が組み換えられたかを明示して抗議できるからです。

■放送日への対処

　放送日と時間については、必ず確認して録画しましょう。報道番組の場合はスケジュールがずれることも多いので、ディレクターにまめに電話をするなどして確認する必要があるかもしれません。

(2) 批判のポイント

■明確化できる批判のポイント

　こうした対策にもかかわらず、万が一不条理な報道をされた場合には、取材された当事者や関係者が臆せず抗議すべきだと思います。ただし、報道の取材はプロモーションビデオ制作とは違いますから、単に「期待どおりでなかった」という感情的な不満や印象論では逆に筋が通りません。法的なことを言う

と、「取材される側の肖像権は取材時に放棄した」と見なされます。またいったん撮られた素材の組み方については、表現の自由という見地から「編集権」が認められます。これらを尊重したうえで、たしかな過りを具体的に示すことが大切です。まずは、録画した動画をもとに、構成原稿（180頁参照）を再現し、以下の項目をチェックしましょう。

　①不自然に強調されたショットや場面があるかどうか
　②ナレーションの文言に、誤りや論理的な飛躍があるかどうか
　③映像や使われる用語に関して誤った定義づけが含まれているかどうか
　④テロップの表記に誤った記述があるかどうか
　⑤統計情報の引用が適切かどうか

■論理展開を探るポイント

　次に、構成原稿をもとに論理展開を探ります。これはプロット（83頁参照）の再現によって、ある程度類推できます。それぞれの場面が何を意図しているのかを書き出していくのです。この際のチェックポイントは以下です。

　①取り上げられたエピソードが、現実に照らして典型的かどうか
　②事実と異なる因果関係を作り出していないか

■神話系の根拠を探るポイント

　現場取材によって神話系が構築されていない場合は、なんらかの既存の言説が根拠になっている可能性が高いです。これを確認するのは容易ではないかもしれませんが、以下の項目をチェックしてみるとよいと思います。

　①〈贈与者〉として登場する有識者の立場
　②類似した新聞・雑誌記事や他局の放送内容
　③省庁・企業団体などの記者発表

　以上のような項目を大方チェックすれば、かなり具体的な批判ができると思います。

■最後のカードは市民の声

　作り手である僕が、こんな批判の方法を提案するのには理由があります。映像ジャーナリズムの逆相化を正すには、やはり市民の声が重要だと思うからです。日本のテレビは視聴者の反応には敏感で、それを知りたがっています。視聴者が評価しなければ視聴率に影響するからです。したがって、視聴者はテレビ報道を動かす最後のカードを手にしているのです。そのカードを使わない手はありません。放送内容が良かったときも悪かったときも、ぜひ1枚カードを出してほしいのです。投票行動と同じで、それらのカードの集積がメディアを動かす可能性があります。

■自律的な映像ジャーナリズムのために

　もちろん、これから映像作家やビデオジャーナリストになる人には、批判的な視座をきちんと持って、自らを律してほしいと思います。テレビや映画で活躍するほどでないとしても、現実に生きている人にカメラを向けるのであれば、これは重要なことです。YouTube で発信する動画でも、数万から数十万ヒットを数えることがあるわけですから、自主制作活動がテレビ報道と同じ問題を引き起こす危険性も否定はできません。

　もちろん、単にリスクを避けるという消極的姿勢にとどまるべきではありません。既存の神話系を更新するためには、現場から発想する企画力と十分な表現力をもって、説得力のある物語を構築していくべきです。第8章からはいよいよ、そのボトムアップ報道の方法論について述べていきましょう。

第8章 ドキュメンタリーの企画作り
～ボトムアップ報道の第一歩

1　企画作りの意義

■現場から導く物語

　さて、第7章で述べたように、ドキュメンタリーの神話系はしばしば「押し付け」であり、特にテレビ報道の場合はこれによる誤解の蔓延や、個人の名誉を傷つける例も少なくありません。メディア・リテラシーの進展のためには、作り手がドキュメンタリーの構造を自覚的に運用することが大切です。そのもっとも重要なプロセスは、なんといっても企画段階で取材現場の状況を踏まえた物語を形成していくことです。

■事前取材と方針の絞り込み

　序章でも触れたように、2008年2月に日本テレビ「NEWS ZERO」で放送された「ACTION 医療を救う。」の特集は、まさにそんな事例でした。この年、日本テレビは開局55周年記念の企画として、各ニュース枠から通年のシリーズを放送することになり、「NEWS ZERO」では日本電波ニュース社の企画した医師不足に関するシリーズが決定し、僕もそのディレクターの1人として関わりました。事前取材は前年の夏ごろから行っており、僕は麻酔科医の過労死や、地域医療の崩壊などについて調べていました。新年最初に特番として放送することになったのは小児医療に関してのもので、その打ち合わせの最中にプロデューサーとの間で「救急問題をやらなければ」という話になりました。

　というのも、前年末あたりから新聞では「救急車のたらい回し」について、何度も報道されていたからです。そのときプロデューサーから提案されたのは、「医師側の自覚や責任というものについても語らなければならない」ということでした。つまり、「たらい回し事例」が医師や医療機関の怠慢によるものだ

という新聞の論調＝ディスクールを前提とした意見だったのです。このときすでに、事前取材でさまざまな医療機関を訪れていた僕は、「たらい回し」事例がむしろ医師不足の現状と深く関わると直感していましたが、確信はありませんでした。

そこで、年末の新聞記事にあった東大阪の事例がどのような経緯で起きたかについて、その事例に関わった消防署や医療機関から、事件当時の事情を聞いて回りました。そこでわかったことは、第1に、多くの「たらい回し」事例が初療室（救急の手術を行う手術室）の満床によって起きていることです。もう1つは、1次、2次救急で処置されるべき軽症・中程度の症状の患者がしばしば3次救急に流れ込み、本来命に関わる重症患者を扱うべき3次救急の医療機関の負担が高まっているという現状でした。

■神話系の更新

僕は、この事前取材を経て企画を練り直し、新たに3夜連続の「救急崩壊シリーズ」を提案してプロデューサーの合意を得ました。そして、救命救急センターから年間の受け入れ要請数に関するデータをもらったところ、どうも土日や連休に前後して要請が多いように見えました。そこで、連休前の金曜日にセンターに泊まり込むことにしました。これが、結果的には大当たりでした。

取材にあたっては、医師同士の連絡に使われるPHSを1台と、小さな会議室を用意してもらいました。金曜の午後から、いつでも撮影できるように準備して会議室で待機し、遠くで救急車の音が聞こえるたびに立ち上がる、というような感じで待ったのです。待機に入って12時間は何も起きませんでした。僕は他の企画書を書いたり、仮眠をとったりしていましたが、夜9時過ぎに突然PHSが鳴り、救急受け入れの要請が入った旨知らされました。

急いで初療室に駆け下りると、医師たちが受け入れの準備を始めているところでした。最初の患者は下血した50代の男性で、急性の内臓疾患の可能性がありました。その処置が進むさまをとにかく必死で撮っていると、医師の持つPHSが鳴り、次にけいれんを起こした5歳の男の子が運ばれてくることがわかりました。先に受け入れた患者の処置が進められる中、次のベッドが用意されます。搬送されてきた男の子ははげしく泣き叫んでおり、救急隊も一緒にな

第 8 章　ドキュメンタリーの企画作り～ボトムアップ報道の第一歩　121

って麻酔の注射などが行われます。そんな中、3 回目の受け入れ要請が入ります。しかし、初療室のベッドは 2 つしかないため、医師は PHS で受け入れを断りました。最初の受け入れ要請から、たったの 45 分でこのセンターは救急患者の受け入れが不能になってしまいました。

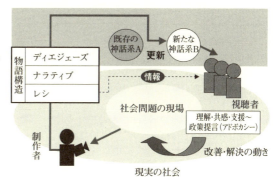

図表 8-1　ボトムアップ報道の目標

　この経緯を撮った映像素材を持ち帰り、さっそく仮編集して試写したところ、プロデューサーに高く評価され、「もっと素材を長く見せよう」と指示されました。10 年以上テレビの仕事をしていて、「尺を長くしてくれ」と言われたのは、後にも先にもこのときだけです。
　そして、この特集が放送されると、「NEWS ZERO」には全国の医師たちから「よくやってくれた」「報道の革命だ」と賞賛のメールが多数寄せられました。この賞賛の裏には、放送の数日前に別のテレビ局で「たらい回し」の特集が放送され、医師の責任を追及するような内容だったという事情もあったようです。
　ともあれ、この放送以来、救命救急の問題は構造的な問題として報道されるようになり、他局でも似たような特集がいくつか流れました。医療機関では、救急車を呼ぶさいのマナーを呼びかけるポスターなども貼られるようになりました。関連性は不明ですが、この年の診療報酬改定では、救急医療の点数がわずかながらも上げられたのです。
　医師の責任を問うというような当初のディスクールは、この放送によって 180 度転換したといえます。ボトムアップの報道とは、このような形で既存の神話系 A を新たな神話系 B に更新することだと僕は考えています。そして視聴者の共感が得られれば、新たな政策提言（アドボカシー）により社会問題の現場が改善される可能性を生むのです（図表 8-1）。こうした成果を生んだのは、

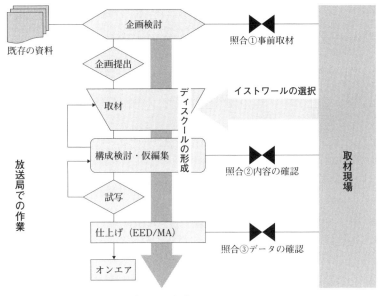

図表 8-2　制作のワークフロー

何よりも事前取材による企画作りです。

■企画作りの明示化

　まずは図表 8-2 に示すドキュメンタリーの制作ワークフローを見てください。このチャート自体は技法書の類でもよく見かけるものですが、本書では「照合」というほかにはないプロセスを記入しています。これはボトムアップの報道には欠かせないポイントですが、詳しくは順次説明します。

　さて、ビデオカメラが身近になったことで、初心者には「まず撮り始めること」から始める人が多いのですが、それでは取材の方針が定まらないだけでなく、最終的に物語に仕上げていくことができません。

　そこで、僕の大学での授業では、ドキュメンタリー制作の第 1 段階である**企画作り**に、時間をかけて取り組みます。大学に勤めた当初は、撮影技術の延長に作品作りを位置づけることもありました。しかし、それよりも、ドキュメンタリーの構造をきちんと知り、自らの作品の全体的なイメージを作ってもらう

ほうが、結果的には学生たちが完成度の高い作品を作れることがわかってきました。現在は、むしろ撮影技法の演習を後回しにするようになっています。撮影はあくまでも手段なので、自らの作品を企画し目的意識を持ってから学んでもらったほうが、動機づけが高まるからです。

　この重要な点について、技法書などでは曖昧な記述しかしていません。そこで本書では、あえてこの企画作りの方法について１章を割き、前章までの考察に沿った形で、具体的な指標を述べていくことにします。

2　企画作りとは何か

■企画作りとは物語の想定である

　まず、企画作りとは何かについてです。僕は知人からよく「遠藤さん、今何を撮っているんですか？」と聞かれます。多くの人々にとって、ドキュメンタリーの制作とは「撮影」のイメージであり、なかんずく「その対象」が重要だと思われているようです。しかし、縷々述べてきたように、ドキュメンタリーの物語は単に出来事＝イストワールの集成ではありません。企画というのは、ただ「何を撮るか」を決めることではなく、語り方＝ディスクールを含めた作品の構想のことなのです。

　作品の構想というのは、放送局では「**企画書**」というものにまとめられます。フリーランスや外部のプロダクションが「企画を売り込む」というのは、この企画書を手に、作品の構想や社会的な意義をプロデューサーに説明することなのです。大学における作品制作では、学生が教員に自らの作品のイメージを伝えるために書くこともあるでしょう。つまり、企画書とは、まだ目に見えない映像作品について、議論を共有するための文書の１つなのです。

■企画のねらいを示す企画書

　企画書の書式は人によっていろいろで、NHKのように書式を局側が決めていることもあります。けれども、盛り込むべき内容はだいたい下記の３項目です。

①タイトル：企画内容を端的に示す作品の表題を書く
②企画意図：企画内容の概要と、社会的な意義などを文章で書く
③取材項目：具体的な取材内容を箇条書きで書く

　放送企画の場合、「なぜ今この企画を放送するべきなのか」ということが一番重要なので、①の「タイトル」は時流に乗った、話題性を感じさせるものになります。②の「企画意図」は、主人公の紹介やだいたいのあらすじを書きますが、ドキュメンタリーの場合、物語のすべてが予定調和的に決まっているわけではありません。したがって、文章の終わりは、「〇〇さんの進める△△の活動を通じて、□□の現状を探る」というような結び方や、「今注目される〇〇の試みを追う」という、映画の予告編かパンフレットに書かれた「あらすじ」のような形で締めくくります。③の「取材項目」には、企画の特色がわかるような取材見込みの内容を書きます。実際に見せる映像に、期待してもらえるようにするのです。放送局での企画会議はこの企画書を軸に行われ、盛り込むべき内容や語り方などについて議論され、ときには局の側の希望が新たに盛り込まれたりします。大学の授業では、企画書が提示されることによって、教員は指導が行いやすくなり、ほかの学生たちも友人の企画についておぼろげながらもイメージを共有することができるでしょう。

■企画の形を示すプロット
　企画書は、どちらかといえば対外的な、企画のねらいを示すものです（図表8-3）。制作者側で企画の形を検討する文書は、前章までのくだりで物語の構造を分析するために使った「**プロット**」です（「あらすじ」「シノプシス」とも呼ばれる）。企画書がどんなによくできていても、物語全体を具体的に把握するのは難しいので、大学の授業ではどちらかといえばプロットを僕は重視します。
　すでに説明したとおり、プロットは全体の筋と内容＝イストワール、そして各場面の意味＝ディスクールを、全体的に具体的に把握できる文書です。これは、作品の設計図である「構成」を書くまでの段階で、物語の構想を把握したり、取材内容の過不足を検討するときの目に見える文書として使用できます。
　劇映画の場面はストーリーボードなどで共有し、想定どおりに「作る」こと

20111208

3/11 一周年企画
「歌声よ、絆をつなげ ―被災地出身・ストリートシンガー奮闘記―」

　　　　　　　　　　　　　　　　　　VJUビデオジャーナリストユニオン

〈制作意図〉
　2011年5月。澤内早苗はギターを抱え、宮古駅に近いビルの一室にいた。「宮古災害FM」―被災者のために市民が作ったラジオ局に招待され、自作の歌を披露する。

♪　ah始まりの音　響けこの歌声　今日元気のない君よ　笑顔になりますように
　何度転んでも　何度傷ついても　何度でも立ち上がれるさ　ここからがstart

　自身の挫折経験を歌った曲「Start」。歌い終えたとき、パーソナリティの目から大きな涙がこぼれた。その場にいた全員が泣いていた。この日から、「Start」は多くの市民からのリクエストを集めたという。
　澤内早苗は、岩手県宮古市出身の24歳。高校卒業後に上京し、現在は東京タワーの職員として働きながら、インディーズで音楽活動を行っている。震災当日、澤内はタワーの展望台にいた。激しい揺れの中、見学の子どもたちを誘導し、吹きさらしの非常階段で避難。その夜、泊まった警備室のテレビで、故郷宮古の凄惨な姿を見た。「慣れ親しんだ場所が津波に押し流されていく。なすすべもなくそれを見ていた。家族や友人を案じたが携帯はつながらず、ただ胸がいっぱいだった」という。
　家族や親戚の無事が確認できたのは、2週間後。しばらくは歌う気にさえならなかったが、とにかく故郷のために何かがしたいと考え、路上やライブハウスでのライブを再開。観客に呼びかけこつこつと支援金や物資を集めた。数日の休みがとれ、5月と8月の2回にわたり、なんとか帰郷。家族を訪ね、つかの間の再会を喜んだ。だが、彼女の青春が駆けた風景は跡形もなく消え去っていた。曲作りに訪れていた吉里吉里海岸、路上ライブをやっていた陸中山田駅…津波の爪跡が思い出までも消し去るような気がした。
　しかし、今は東京を拠点に活動する以上、宮古に足を留めることはできない。澤内は首都圏で開催される復興支援のイベントに精力的に参加し、募金活動を続ける。気がかりなのは、高校の同級生の何人かが、未だ音信不通であること。そして、仮設住宅に暮らす叔母一家の生活が苦しいこと。次の帰郷で、なんとか友人を探し出したい。少しでも叔母たちを助けたい。切なる思いを秘めながら澤内は日々を送る。
　未だ復興作業が続き、就労問題などが深刻化する東北地方。被災した故郷に思いを馳せる一人のミュージシャンを通じて、人々の絆と復興のための課題を探る。

〈取材項目〉
■ライブ・募金活動密着
■1月に予定された帰郷の密着（友達探し、仮設住宅訪問など）
■被災地訪問＝5月・8月の帰郷については、すでに素材があります

図表8-3　企画書の例

ができます。しかし、ドキュメンタリーの場面は、取材を進めながら「選ぶ」ものです。企画段階では予測不能な場面もありますから、そこにはなんらかの事態を想定して書き込むことになります。いまだ見ぬ場面を想定するというのは、難しく思えるかもしれません。しかし、登場人物の紹介や問題の背景を説明するなど、物語の主たる要素は実は企画段階で充分に把握できることなのです。したがって、きちんと事前取材を踏まえて想定された物語ならば、大半は予定調和的な取材内容によって占められることになります。実現可能性が高く、ディスクールにも説得力のあるプロットができれば、企画作りはほぼ終了です。

　ただしプロットは、取材の進行に応じて、その都度必ず書き換えなければなりません。取材現場の実情が想定と異なっていた場合、当初のプロットに固執して取材内容を読み替えるようなことをすれば、「神話系の押し付け」になってしまいます。ボトムアップの企画制作のためには、あくまで現場から得られる物語を、徹頭徹尾、尊重する姿勢が必要です。

3　ボトムアップ報道のための事前取材

(1)　事前取材の方法

■情報集めの手順

　では、現場からの物語の形成は、どのように進めていけばよいのでしょうか。これには、いくつかの段階があります。

　入り口になるのは、通常は2次情報の収集です。なんらかの社会事象に興味を持ち、まったく知識を持たない状態から取材に入るには、まず関連の文書に目を通す必要があります。関連する過去の新聞記事を集めたり、本を読んだりしましょう。最近は、インターネット上でもさまざまな論文や記述を見つけることができますので、関連用語で検索をかけるといろいろなことがわかってきます。とはいえ、これらはあくまで第三者の取材による2次情報としての文献ですから、鵜呑みにして物語を構想する段階ではありません。

　文献をある程度読むと、その事象に詳しい専門家の名前や、問題について発言する当事者の存在などが見えてくると思います。今度は改めて、そういう人

物の名前でネット検索をかけてみましょう。すると、すでに見た文献情報などのほかに、講演会やイベント、シンポジウムなどの情報を得られる場合があります。そういう情報をつかんだら、次はそこへ出かけて話を聞いてみましょう。特に、シンポジウム形式のイベントは有意義です。1つの問題に対して、当事者、支援者、弁護士、政治家など、さまざまな立場からの視点を得ることができるからです。書籍では得られない情報が、資料として配られる場合もありますから、そういう意味でも貴重な機会といえます。その場で話を聞いて勉強し、終演後に名刺交換などをして、キーパーソンとのつながりを作るとよいでしょう。

　また、体験取材というのもよい方法です。興味のある事象に関連した市民参加のイベントやツアー、ボランティア募集をする団体があれば、ぜひ一度参加してみるとよいと思います。実体験によって現場の雰囲気をつかむこともできますし、やはり取材の人脈を手に入れる機会があります。

　こうした情報収集の結果、興味のある事象に関するキーパーソン（専門家、当事者、支援者など）が絞り込まれてきたら、事前取材の3つめの段階として、そうした人たちに1～2時間程度の**ヒアリング**をお願いしてみましょう。これは、問題に対するより深い理解や、専門的な情報の獲得、あるいは自分の視点を再検証するための手段です。そしてもちろん、物語の登場人物を選んでいくプロセスでもあります。

　ちなみに、ここに挙げた手順は、なるべく守ったほうがよいと思います。新聞記者やテレビディレクターの中には、いきなりヒアリング（ないしインタビュー取材）を申し込む人も少なくないですが、真の理解のためにはあまり効率的ではないし、失礼だと思います。ヒアリングに答える側からすると、質問者の側にもある程度共通の認識がなければ核心を語れませんし、いたずらに時間を使うことになります。ヒアリングは、自分が集められる情報をできるかぎり集め、事象の経緯や問題点をある程度理解したうえで行うようにしましょう。

(2) 現場からのヒアリング

■ヒアリングの基本
　ヒアリングとは、文字どおり「話を聞くこと」です。しかし、ただの世間話

や紋切り型のインタビューではありません。ドキュメンタリー制作におけるヒアリングでは、単に追加情報を得るだけでなく、物語構造の次元に対応して以下のような目的をはたさなければなりません。

①ディエジェーズ：取材対象から見た世界観を把握する＝一般の認識とどこが違うか
②ナラティブ：事象に関連するエピソードを知る／取材対象の意見を論理的に把握する
③レシ：取材対象が語る問題点や事象の経緯を示すためのショットや場面の可能性を探る

つまり、ヒアリングとは取材対象の知識や経験を、映像取材を前提にして、物語的に把握することなのです。このことによって、個別具体的な取材内容に関する実現可能性や、イストワールの想定、語るべきディスクールといったものが見えてきます。また、ドキュメンタリーの目指すべきところは神話系の更新ですから、取材対象の世界観と一般の認識を比較すれば、何をテコに既存の価値観を覆せばよいのかというポイントが見えてきます。

　ヒアリングの行為そのものには、特別なテクニックはありません。聞き役に徹することと、必ずメモをとること、自分の中に疑問を残さないよう網羅的に質問をして、理解を深く突き詰めればよいのです。ドキュメンタリーとは、第三者の体験や考えを別の第三者に伝える行為ですから。その間に介在する取材者は、まず自らが事象を深く理解しなければなりません。「取材対象から聞いた話をまちがいなく第三者に語れるか」が理解度の基準になります。

　さらに、ヒアリングは取材者自らの視点が本当に正しいのかどうかを確認する手段でもあります。これが、前に示したフローチャートにおける「第１の照合」です。勘違いから企画を始めてしまうと、最後までボタンの掛け違えになってしまうので注意が必要です。僕がヒアリングを終えるときは、「○○は△△だと思われてきたけれども、実は□□である、そういう理解で正しいでしょうか？」と必ず念を押して確認します。

　以上がヒアリング手法の概要ですが、その内容は取材対象によって実は大き

く違います。

■専門家へのヒアリング

　専門家（学者・法律家など）へのヒアリングは、ディエジェーズの次元では、事象のより専門的な理解や、学問的な位置づけ、他の事例との比較による評価などの把握が目的です。ナラティブの次元としては、取材対象の意見を論理的に把握することなどが主眼となります。レシの次元に関しては、後日〈授与者〉としての取材をするつもりならインタビュー１本ですんでしまうことも多いのですが、専門家自身が〈主人公〉となる場合には、研究や調査、実験の風景などが場面として撮れるかどうかを確認する必要も出てきます。

　専門家へのヒアリングにさいしては、事前にその人の書いた文章などにできるだけ目を通しましょう。取材者の資質にもよるのですが、学術論文や裁判資料などを読むのはなかなか大変です。初めて触れる専門分野だと、たぶんほとんどまともに読めないでしょう。しかし、わからなくてもとにかく目を通すのが大切です。なぜかというと、文献の中に何度も登場するいくつかの専門用語が、事象を読み解くキーワードになることがあるからです。

　例えば本書にも、専門外の人が知らない専門用語がいくつも出てきます。僕は決してわざとわかりにくくするためにそれらを使っているのではありません。一般的に使われる言葉では表現できない概念なので、最低限の用語を選んで、なるべく説明してから書くようにしています。これはあらゆる学問分野にいえることです。日常的な一般的な語彙で専門的な理解を得ることは不可能だと思ってよいでしょう。だからといって、専門用語を無視してはいけません。見慣れない専門用語を通じて、その分野をできるかぎり勉強する気概で臨むべきだし、むしろそれを切り口にヒアリングを行うとよいと思います。

■キーワードでつかむ専門的理解

　専門家へのヒアリングの例として、2002年に日本テレビ「きょうの出来事」で放送された特集「黒部川の排砂」での取材経験を挙げてみます。これは、黒部川の中流にあり宇奈月ダムで、堰堤の下部にあるゲートを開けてダムの底に溜まった堆積物を流すという試みにさいし、下流域や富山湾が汚染される危険

を訴えた特集です。物語の軸で、キーパーソンとなったのは、金沢大学の田崎和江教授（現在は名誉教授）でした。粘土学を専攻する田崎教授は非常にユニークな研究者で、特に粘土が生成されるプロセスでのバクテリアの研究に詳しい人です。1997年のナホトカ号重油流出事故では、石油分解菌の海水浄化作用を確認し、問題の解決に一役買っています。

　僕は、子どものころに雑誌『Newton』を定期購読するほど、古生物学や地球物理学、天文学などにロマンを感じるタイプだったのですが、残念ながら理科や数学の成績は非常に悪く、文系の大学生になりました。ですから、科学者にすごく憧れを抱いているのですけれども、さすがに粘土学となると、漠然としたイメージさえ持っていませんでした。

　ところが、ヒアリングの依頼で田崎教授に電話をすると、どうもこの案件に関するほかのテレビ局の対応にご不満があるように感じました。翌日には飛行機で金沢に飛ぶ予定でしたが、僕は教授の書いた論文をネットで見つけて徹夜で読みました。そこには、「ベントナイト」とか「カオリナイト」、「スメクタイト」といった見慣れない用語がたくさんありました。それと、「風化」という言葉が、どうも日常的に使われる意味とは少し違うように思ったのです。自然の堆積物がなぜ環境悪化に結びつくのかも、よくわかりませんでした。

　あまり要領を得ない一夜漬けの事前学習でしたが、翌日田崎教授にお会いして、これらの用語の意味をうかがったところ、教授の不満の意味がわかりました。ほかのテレビ局は汚染の意味をかなり矮小化して捉えていたようです。

■ 普遍的な問題提起に

　日本の河川は「世界的基準では滝だ」といわれるほどの急流です。川は上流の土砂や落ち葉などの有機物とともに、岩石を削り取って流れてきます。その岩石の多くが、日本では花崗岩です。川がダムなどで人工的にせき止められると、これらの堆積物は深い水位の底に沈殿します。このとき、花崗岩由来のかけらはしだいに砂のようになります。これが、粘土学でいう「風化」の意味です。このさい酸素を好む好気性バクテリアが作用すると、花崗岩は石英を主成分としたカオリナイトと呼ばれる鉱物に変容し、海岸の白砂になります。これは、陶器の材料になるものです。

しかし、低酸素状態にあるダムの底では、嫌気性のバクテリアが作用し電位的作用から有機物を吸着し、硫化物になってしまうのです。これがいわゆるヘドロで、専門的にはスメクタイトと呼ばれます。ちなみに、自然環境の中で硫化を伴わずにできた泥はベントナイトと呼ばれ、泥パックや毛穴掃除用のシールなどに利用されています。しかし、スメクタイトは粘着性の高い物質なので、下流域では魚のエラに付着して魚を酸欠にして殺してしまいます。特に富山湾では、海底に住むヒラメやカレイが打撃を受けました。

これが、排砂問題の本質です。つまり、黒部川の排砂は単にこの流域だけの問題ではなく、全国のダム建設が抱える本質的な問題を示唆していたのです。最終的にこの企画は、スメクタイトの生成過程を述べた初めてのテレビ放送となりました。

ヒアリングから取材の過程で、僕はさまざまなことを学びました。特に、まったく別のものだと思っていた無機質の鉱物と有機物がバクテリアを介在して結びついていることには大変驚き、地球環境に対するイメージが変わりました。「僕は理系が苦手なものでいろいろすみません」と弱音を吐くと、田崎教授は「いいのよ。遠藤さんが地球を愛しているなら」と励ましてくださいました。

ちょっと話が脇道に反れましたが、このように専門家へのヒアリングでは、相手の領域に自ら入っていく姿勢が最終的には功を奏すると、僕は思っています。

■組織に対するヒアリング

さて、専門家に対するヒアリングに比べると、組織に対するヒアリングは比較的容易です。なぜなら、行政でも企業でも、たいていの組織には広報課があり、ある問題に対するスタンスはあらかじめ構築されていることが多いからです。逆にいえば、情報がコントロールされているために、あまり予想外の展開はありません。後日インタビューを行うとしても、相手は杓子定規な答えを読み上げるような対応をするのが普通です。組織の発言はあくまでも組織としての意見であって、答える人物の言葉ではないからです。

事前準備としては、ホームページの説明を読むなり、一般に公表された文書を読むなり、ある程度の予備知識を持っていたほうがよいと思いますが、たい

ていわかりやすい言葉で書かれているので、むしろあいまいな表現を具体的な文言で言ってもらうとか、制度や体制、経緯などについて整理して聞くというようなところにポイントをおくとよいでしょう。

ただし、組織が公に意見をいうためには、あらかじめ合議が必要な場合が多いです。したがって、ヒアリングの依頼についても事前に電話で担当連絡先を聞き、企画内容や発表媒体をファックスなどで送ったほうがよいでしょう。

ヒアリングのねらい自体は、前述したヒアリングの基本に準じます。カメラを持ち込まないヒアリングでは、場合によっては公にできない本音を聞きだすこともできます。このことによって、問題を立体的に捉えたり、背景が見えてきたりすることもあるので、そういう理解の助けとして、自由に質問してよいと思います。

■個人を対象としたヒアリングの意味

次に、個人を対象としたヒアリングについてです。ドキュメンタリー制作における個人へのアプローチは、多くの場合〈主人公〉探しのプロセスでもあるので、ヒアリングは非常に重要です。

社会問題が語られるとき、その当事者は「ホームレス」「被災者」「派遣労働者」「HIV感染者」等々、1つの特定の集団として捉えられます。これらの集団に関わる問題は、学問上は統計的なデータとして処理されて問題の傾向を表したり、メディアではややマクロで図式的な解釈によって語られることが多いです。ドキュメンタリーの最終的な狙いもまた、個人についての情報を発信することではなくて、その個人を象徴化した特定の社会的立場によって、その問題に対する独自の神話系を提示することです。

しかしながら、同時にドキュメンタリーは個別具体的なエピソードがあるからこそ説得力を持つ表現様式です。1つの社会問題を「なるほどそれは深刻だ」と視聴者が受け止めるためには、感情移入できる物語を通じて、問題の意味を知らなければなりません。そのために必要なのは、個を捨象したマクロの視点から、捨象されない個から見たミクロの視点への転換です。「問題の当事者から見ると、世界はどう見えるのか」という視点を提供することによって、物語は新たな神話系を提示することができるのです。個人へのアプローチとは、

第 8 章　ドキュメンタリーの企画作り〜ボトムアップ報道の第一歩　133

まさにそこに意味があるのです。

■個の視点を得る「ライフヒストリー」の方法
　こうしたマクロからミクロへと視点を移す方法として、僕は社会学調査で用いられる「ライフヒストリーサーベイ」を参考にしています。その考え方のルーツは臨床心理学にあります。
　初期の精神医学は「患者をどう治すか」という視点ではなく、「狂人を対象とした研究」にすぎませんでした。精神医学には大きく分けて精神分析と行動主義という流れがあり、前者は帰納的に、後者は実験などを通じて「人間の精神」という目に見えないものを研究の対象としました。これらの考え方が変容したのは 1940 年代の「クライエント中心法」が登場してからです。その後、精神病罹患者は「癒すべき患者」として診られるようになり、医療の一環としてのカウンセリングや薬物療法などが発展したのです。現在では、患者の人生を物語として汲み取る「ナラティブセラピー」が注目されています。
　社会学調査の分野も心理学とともに進歩してきました。当初の調査法は行動主義の影響を受けて、演繹的なアンケート調査や量的な分析を主としました。けれども、演繹的なアンケートはあらかじめ決まった質問項目による調査であり、項目を立てる段階でさまざまな事象が捨象されてしまうことに問題があります。そこで、これら捨象される事象を掬い取る方法として分析的帰納法が考案されました。これは、個別の実態調査に量的な分析を組み合わせたような方法です。現在では、これがさらに発展し、「**ライフヒストリー（またはライフストーリー）サーベイ**」という形があります。これは、まさにナラティブセラピーと同じように、口述記録を通じて、対象者の人生を物語的に捉えることで、現在の世界や過去の歴史などを明らかにしていく方法です。

■当事者の体験で再現された沖縄戦
　この方法を用いた歴史学研究で知られているのが、沖縄国際大学・石原昌家名誉教授による沖縄戦の口述記録の活動です。従来の沖縄戦の捉え方は、「那覇空襲」や「米軍の本島上陸」、「日本軍の南部戦線への撤退と赤松大尉の自決」といった、軍事作戦の面から捉えた歴史でした。しかし、石原教授は聞き

取り調査による個人史をパッチワークして戦争の実相を再現しようと試みたのです。この取り組みは、沖縄の各自治体での地域史編纂につながり、沖縄戦への理解が広がりました。これはまさに、「ボトムアップの歴史学」と呼べるでしょう。ミクロな個人の視点から出発してマクロの状況を見る調査だからです。

まだ20代のころに、このことを知った僕は、その方法論にドキュメンタリーと共通のものを感じ、大変刺激を受けました。そこで、かなり早い時期から「ライフヒストリーサーベイ」をヒアリングやインタビューの方法として、意識的に取り入れてきたのです。

■個人の物語を捉える

さて、ドキュメンタリーにこれを導入するにあたって、僕はヒアリングとインタビューを、段取りのうえで峻別することにしました。ヒアリングを兼ねたインタビューを行うのは、相手が海外や遠く離れた地域に住んでいて、一度しか旅費を工面できないというときや、二度と会えないかもしれない野宿の人から話を聞くときなどにかぎられます。

なぜなら、ドキュメンタリーの場合は、ただ話を撮れれば終わりではなく、前述のとおり、場面として再現するためのヒントを探さなければならないからです。逆に、インタビューのほうはポイントを押さえた聞きやすいものであるべきと考えるからです。したがって、ヒアリングのさいにカメラを回すことは極力避けています。ただメモ帳だけを持って人に会いに行きます。

事前準備は、年齢・性別・職業などの基本情報を確認するだけです。ただし、その人の発言や書いたものなどが手に入るようならば、ほかのヒアリングの場合と同じく必ず目を通すようにしています。

また、取材者が「何を考えてるかわからない人物」と思われてしまうと、相手は自己開示を抑制します。ヒアリングにあたっては、企画のねらいを自分の感情も交えてていねいに説明することが、相手の自己開示につながります。

ていねいなプロセスを通じて信頼感を築けている状態を、ライフヒストリーサーベイでは、「ラポール（心の絆）」と呼びます。ヒアリングとは、一方的に相手の自己開示を求める行為であってはなりません。ヒアリングは取材対象の人生に介在する行為であり、責任を伴います。自己開示によって取材相手が心

に傷を負わないようにする責任です。したがって、取材者もまた自らの時間をそこに投げ出し、相手の自己開示をともに支えるような意識が必要です。そのバランスが対等であればこそ、ラポールは維持できるのです。取材というプロセスは、相手の物語を共有することであり、お互いの人生の一部なのです。

■質問の方法

　質問の方法は、ライフヒストリーサーベイに準拠したものです。それは、以下のルールをもって行います。

　①物語の起点を問題が起きる以前におき、時系列で話を聞いていく
　②うなずき（傾聴マーカー）ながら聞き、相手の考えを決して否定しないこと
　③話が時間軸から離れたりしてもそのまま聞き、また外れた時点に戻す

　これだけです。メモには、年号を付したエピソードの箇条書きで記します。これは、相手の存在を現在の社会関係（横の広がり）だけでなく、時間軸を伴った物語として立体的に把握するための方法です。つまり、5W1Hを明らかにした年表を書くのです。しかし、それは何が起きたかというだけの年表では不足です。エピソードごとに、その人の気持ちを聞かなければなりません。取材者が取材対象に感情移入（同一化）できないと、作品によって観客に感情移入させることはできません。

　そして何より大事な質問は「Why?」です。動機がわからなければ、判断や行動の意味するところがわかりません。この疑問符によって、相手の価値観も次第にわかってきます。

　これに続いて「How?」の質問も大事です。物語として捉えるということは、取材者の中に映像が思い浮かばなければなりません。エピソードを聞けば、頭の中にデッサンができます。そこに、色を塗っていくような作業です。例えば、家族の話を聞いたら「どんな家に住んでいたんですか」と聞いてみましょう。「プレハブの長屋のようだった」という答えなら、やや灰色の壁がエピソードの背景に塗られるでしょうし、「日本家屋だった」という答えなら、畳の上で

遊ぶ子ども時代の彼・彼女の姿を想像できるでしょう。それが「色を塗る」ということです。

キーワードもきちんと捉えましょう。なんらかの職業に就いていた人なら、その道具や習慣を示すような特殊な言葉が出てきます。その言葉のイメージが想像できないのであれば、迷わず質問すべきです。お年寄りに話を聞くと、古い習慣を示す言葉が出てくるかもしれません。例えば「座敷牢」とか「無尽」とかですね。専門家へのヒアリングと同じように、そういう言葉を逃さず、しっかり理解して物語を想像することが大切です。

■物語の起点と終点

聞き出す物語の起点をどこにおくかは、社会問題の性質や、取材相手の経験によるでしょう。2006年から2010年にかけて僕が「薬害肝炎訴訟」の弁護団から依頼されてビデオを作ったときは、患者さんの学生時代から話を聞いて、就職したり、結婚したりというエピソードを聞き、そのときその人が思い描いていた未来を想像するようにしました。薬害肝炎の被害者の多くは出産のときに感染した女性なので、感染する前の「将来の夢」がどのように壊されたのかという点が重要だと思ったからです。病気は人を選びませんから、この場合、どんなふうに育ったのかはあまり重要ではありません。

一方、野宿する人々に長く話を聞くときは、必ず子ども時代の話から聞きます。ホームレスと呼ばれる人たちの多くが、親も低収入であり、片親だったり、親が離婚していたり、教育程度が低かったりという傾向が統計によって明らかにされているからです。いわゆる「貧困の連鎖」です。したがって、なぜ現在彼らが野宿しているのかについて探るには、子ども時代にさかのぼって起点をおかなければなりません。

こうした、過去の話は、写真や当時の持ち物などで映像化するのが一般的ですから、過去のエピソードの各時点を示す物品がないかどうかも聞いておくとよいでしょう。「まったく何もない」という場合は、そのエピソードの舞台になった場所について情報をもらいます。その場所へ行って風景を撮るとか、その場所で語ってもらうという再現の方法が残されているからです。

現在の話は、後日の取材で実際に撮影できるエピソードがたくさん掘り起こ

第8章　ドキュメンタリーの企画作り〜ボトムアップ報道の第一歩　137

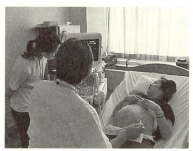

図表 8-4　「産科の安全神話」より

せます。生活や仕事の様子、人間関係などを詳しく聞き、撮れそうなエピソードを想定しましょう。生活や家族構成、仕事の様子は、本人を〈主人公〉として紹介するさいの必須項目ですし、人間関係の中には〈援助者〉や〈贈与者〉〈敵対者〉〈受け取り手〉などの人物機能を発見することができます。

　では、ヒアリングはどのように終了すればよいでしょうか。僕は、現在の話を聞いた後に、必ず未来の展望について聞くことにしています。それがポジティブであるか、ネガティブであるかは、人によって異なります。けれども、その人が思い描く未来の中には、問題解決の糸口が示される場合もあるからです。希望をともに思い描き「そんなふうになったらいいですね」と、一緒に未来を願うような感じで話を終わります。前向きな物語の共同構築は、文字どおりナラティブセラピーの方法にも似ています。実際に、「取材を受けて元気が出た」とか、「気持ちよく話せた」と感想を漏らす人がよくいます。

■見えない家族を撮る

　ここで、個人に対するヒアリングの実例として、2008年の日本テレビの医療シリーズで放送された特集「産科の安全神話」のケースを挙げます（図表8-4）。この特集では、日本テレビ側の提案により、ハイリスク出産を控えた母親が多く入院する長良医療センター（岐阜市）の産科で取材を行いました。産科は特に医師不足の深刻な領域です。その原因の1つとして、医療訴訟が多いことが挙げられます。その背景には、安全な出産は当然であるという神話があり、このことが早産・死産などのさいに医師の責任を問う姿勢に結びついてい

ます。日本は諸外国の中でも新生児の死亡率が低く、出産に関して高度な医療レベルを誇りますが、胎児の病気の症例はさまざまで、必ずしも100％無事に赤ちゃんが生まれるという保証はありません。そのため、この企画では死産（出産死）を過去に経験し、再び出産に挑む夫婦を軸に、出産がリスクを伴うものであることを訴えようということになりました。

　出産を控えたお母さんたちに男性である僕が取材をすることには、少々自信がなかったのですが、病院の中で日々顔を合わせていくうちに、次第にお母さんたちと打ち解けていきました。産科部長・川鰭市郎医師のアドバイスもあって、産科で行われる交流のつどいに参加したり、帝王切開の手術場面を記録として撮ってDVDとしてプレゼントするなど、時間をかけて取材相手を探しました。

　入院して出産を待つお母さんたちとは、比較的ゆっくりお話しすることができたので、1人ずつライフヒストリー的な筋道で入院までの経緯を聞きました。最初に20歳のお母さんから取材の承諾を得たのですが、ご家族の了承が得られず断念。次に28歳のお母さん・足立由美さんと知り合いました。由美さんは明るくてとても快活な方でした。僕は最初に由美さんと病室でお会いしたとき、パジャマには不釣合いな大きなペンダントに目が留まりました。「これはきっと1人目の赤ちゃんに違いない」と直感しました。

　二度目にお話ししたとき、おそるおそる質問してみると、やはりその中には死産に終わった第1子・蓮くんの遺骨の一部が納められているということでした。ヒアリングを行ってみると、由美さんと夫・剛さんは、蓮くんの死にひどくショックを受け、姿の見えないもう1人の家族として、その存在を大切にしていたのです。「蓮は胎児であっても、人として生きた」という彼らの発想に、「死」の乗り越え方の1つとして興味を持った僕は、これを物語の軸に据えようと決めました。

　ヒアリングでは2人が付き合い始めたころのことから、蓮くんを出産死で失くし、悲しみを乗り越えて今に至るまでを詳細に聞きました。その中から場面のアイデアを得て、お墓参りの場面や、仏壇の周りに置かれたたくさんのおもちゃ、もちろん由美さんがつけているペンダントなど、2人の心の中にある故・蓮くんとの一体感を前面に押し出す形で取材を行いました。取材を始めて

2カ月後、2人は無事に第2子を賜り、その子を「蓮二」と名づけました。取材を通じて、まるで親戚のおじさんのような気持ちになっていた僕も、とても嬉しかったです。1年後、2人は蓮二くんを連れて東京に遊びに来ました。僕は隅田川などを案内して楽しいひと時を過ごしました。

　悲しみを乗り越えるプロセスを視覚的に表現できたのは、まさにヒアリングの成果です。ヒアリングとは、単に取材者の理解のためだけではなく、実はそこからすでに表現が始まっているのです。

(3) ロケハン

　ヒアリングが終わったら、可能なかぎり**ロケハン**をしましょう。ロケハンとは、「ロケーションハンティング」の略です。これは、想定する場面の取材現場を回り、どんなふうに撮るかを検討することを指します。

　対象となる人物の日常的な活動領域は、ひととおり見学させてもらえれば、撮影条件はだいたいわかります。カメラの画角に対して部屋が狭いか広いかとか、照明は必要なのかどうかなどを確認するのです。また、例えば対象者の仕事が複数の場所にわたる場合は、ロケハンを通じてあらかじめそのプロセスの具体的なイメージを持つことができます。

　これに対して、風景のロケハンには少々時間がかかります。ある1つの街の全体を見せるには、小高い丘や山の中腹などから、よく見える場所を探さなければなりません。自然の撮影ポイントがない場合は、高いビルやタワーの展望室などをチェックします。いくら眺望がよくても、あまり街から遠いと大気の霞などによってよく見えなかったり、画角に対して広すぎることもありますので、適切な場所を探すには車などでたんねんに回ってみないとわかりません。風景撮影はいくつかの場所を撮影しながら移動する必要があるので、案外、時間がかかります。日の短い時期だときれいに撮れる時間がかぎられますので、風景のロケハンは、そのスケジュールに見込みをつけるためには重要です。

4 ナラティブの想定

(1) ナラティブの展開型

■展開型を選ぶ

　ヒアリングやロケハンなどが終わったら、作品のイメージを作っていきます。ただし、出来事を並べるだけでは物語にはなりません。まずは、事前取材を通じて、今何を訴えるべきなのかという自分のねらいをはっきりさせる必要があるでしょう。つまり、神話系を明確に定めるのです。

　次に、そのねらいを実現するためにどんな物語の形式が適しているかを、想定される取材内容に応じて考えていきます。103頁で述べたナラティブの展開型を選ぶということです。同時に、人物機能を念頭に登場人物を選択します。

　人間を追っていけば、あまり理屈っぽい説明は必要ないと判断される場合にはヒューマン型を選びます。主人公には、さまざまな切り口で問題を示せるような人物を選ぶようにすると、物語が作りやすくなります。法制度や統計などの情報が必要になる場合、あるいは「渋谷ブランニューデイズ」のように、一般例の解説が必要だと思われる場合は、併説型を選びます。さまざまな類型があるために主人公を1人に絞れない場合は、2人ないし3人を対象とした事例型を選ぶ方法もあります。短い作品であれば、レポート型で簡潔に作る方法もありますが、20分を越えるような作品では、主人公がいたほうが物語としては見やすいと思います。心理学的には「同一化」と呼びますが、いわゆる「感情移入」が、物語の展開を円滑にするのです。

■新たな展開型・セルフドキュメンタリー

　最近、大学などで作られる作品では「セルフドキュメンタリー」という形式のものも増えています。これは、モノローグや自画撮りを挿入することで、作り手が自ら登場人物として姿を見せて語る方法です（2次的語り手）。物語上に特定の主人公が存在せず、事象に対する思いを語り手が吐露する形で物語を進行します。つまり、作り手自身を主人公にする形式といえるでしょう。これが

可能になったのは、いうまでもなく小さなビデオカメラが普及し、液晶モニターを回転させれば自画撮りができる機構になっているからです。このことは、ドキュメンタリー制作にかなり大きな影響を与えたと思います。

『言語としてのニュー・ジャーナリズム』（学芸書林、玉木明）では、吉本隆明氏の言語論をもとに、言語には「私は〜」で始まる「自己表出」と、「○○は〜」で始まる「指示表出」の２種類があるということが述べられています。この分類でいうと、映像表現はもともと指示表出的です。セルフドキュメンタリーは、自己表出の手段として映像を使う、すなわち主観的なナラティブを作ることを意味します。このことには、どんな意味があるのでしょうか。

僕自身はパレスチナで、私小説的な作品「Dialogue in Palestine」を作ったことがあります。このとき、僕はイスラエルの占領下で暮らすパレスチナ人の心理を追求していたのですが、心理学やメンタルケアそのものがあまり普及していない現地では、なかなか主軸となる人物が見つかりませんでした。そこで、自分自身が登場して、彼らと会話する場面で物語を進めることにしたのです。自分が映る部分の撮影はカメラを固定したり、弟子に撮ってもらったりしました。この作品は、後日「東京ビデオフェスティバル2006」で優秀作品賞を授与されましたが、審査員の方々の話では「作り手が見えることで、現場に親しみを感じたのが受賞の決め手」だったとのことです。

どうやら主観的なディスクールには、対岸にある情景を近づける効果があるようです。また、語り手自身の心理が語られることによって、同一化の契機にもなっているのだと思います。

■一人語りの説得力

僕が手伝った学生の卒業制作作品「時のメロディ」もそんな作品の１つでした（図表8-5）。作り手であり語り手でもあるＳさんは、バンドでキーボードを担当するミュージシャンでした。しかし、就職も決まり卒業を控えた４年生のとき、「就職しても音楽を続けられるかどうか」をふと不安に思います。それから彼女は、知り合いのミュージシャンを訪ねて、自分の音楽について考え始めます。このプロセスを、固定のカメラや、僕が撮影を代行することで場面にして、セルフドキュメンタリーに仕立てていったのです。

図表 8-5 「Dialogue in Palestine」（左）「時のメロディ」（右）

　先輩ミュージシャンたちのそれぞれの信念に触れたＳさんは、卒業後も音楽を続けるために、作曲を始め、バンドを結成します。企画は迷っている時期に検討したものですが、その後自ら行動を起こすというドラマチックな展開もあって、この作品は大変説得力のあるものになりました。すでに自分の道を決めた大人から見れば「過ぎ去ったイニシエーション」にすぎないテーマだったかもしれませんが、同じ世代の学生たちからは大反響がありました。

　2008年のリーマン・ショック以来、新卒学生の就職難が深刻になりました。就職活動や内定先企業での研修に多くの時間を割かれるようになった学生たちには、昔の大学生のようなモラトリアムが許されません。そんな中でＳさんの作品は、学生たちの心の中にある将来への不安と見事に共鳴したのだと思います。作品の完成度はもとより、そうした共感に結びつけられたという成果が、まさに卒業制作にふさわしかったと思います。学生の作った作品の好例として、僕はその後もこの作品を授業で上映しています。

　テレビ報道に見られるようなさまざまなディスクールの様式のほか、このような主観的なスタイルの選択も、題材によっては効果的かもしれません。

(2) プロットの作成

　事前取材によって取材内容の見込みがつき、訴えたいことやナラティブの型が決まったら、プロットを書きます。プロットを書くうえで注意しなければならないのは、イストワール（物語内容）とディスクール（物語言説）をしっかり分けて書くことです。出来事それじたいには、あらかじめ決まった意味はあ

りません。例えば、「主人公がコンテンストで第3位になった」というような出来事は、「1位になれずに残念だった」というエピソードとしても描けるし、「努力の甲斐あって入賞した」というふうにも評価できますね。どの出来事をどんな評価で示すかは、ディスクールの進め方によって異なります。出来事の意味は、取材対象や関係者の評価、そして作者自身が作っていくことなのです。

　すでに第6章でも書きましたが、起承転結の位置づけや尺のバランスにも留意しましょう。

　ドキュメンタリーにおける「起」のポイントは、「引き付ける」です。物語に興味を引き付け、問題提起をする部分です。主人公を紹介し、どんな人なのかを端的に印象づけるような場面を入れるとよいでしょう。なお、最近は「起」の直後にメインタイトルを入れる方法がかなり一般化しています。

　「承」は、「わからせる」部分です。問題の背景や、主人公の出自、問題の経緯などを描く場面です。全体のバランスとしてはもっとも長い部分となります。視聴者に疑問点を残さないように上手に構成し、クライマックスへ導きます。

　「転」は、クライマックスです。取材内容の中で、もっとも問題の焦点が見える場面を使います。一言でいえば「驚かせる」でしょうか。課題の深刻化とそれを乗り越える場面、あるいは課題に対する新たな方法の発見など、それまでの物語に大きな変化を与えるようなエピソードを選びます。

　「結」は、「気づかせる」です。課題についての新たな位置づけやそれまでの物語で見えた新たな視点をはっきりと提示します。題材によっては、課題それ自体は解決しない場合もあります。「隣る人」も「渋谷ブランニューデイズ」も問題を孕んだまま終わります。それでも、作品を見る前と後では、問題に対する見方が変わるという点が重要です。もちろん、ポジティブに未来に対する展望を語る終わり方でもよいでしょう。

　プロットが書けたら、第三者にも見てもらって、起承転結のボリュームや取材内容のバランスを検討するとよいと思います。もちろん取材相手にも提示して意見を聞きましょう。これが「第2の照合」です。間接話法（インタビュー）でしか語れない場面が長すぎませんか？　言説話法でしか語れない場面が不足していませんか？　もし、そんなふうに偏った場面があれば、どうにか直接話法を交えた語り方を考えましょう。

そして、場面というのは必ずしも単なる風景ではありません。外的焦点化だけでは意味のある場面として組みにくいときもあるので、状況に応じて取材者が介在することも考えましょう。例えば、今はもうそこにはない風景を撮りたいという場合、取材相手をその場所に連れ出し、指差して説明してもらうだけでも、直接話法的な場面として成立します。過去の写真アルバムやビデオなどはスキャンしたり、コピーすることで作品に挿入することもできますが、「本人がそれを見る」という場面に仕立てて撮ることもできます。同じように、「思い出の品」は、手にとって語ってもらうことで場面になります。

この段階でのプロットは、想定する取材内容の過不足を検討するためのものでもあるのです。話法にばらつきができるようなら、想像力を駆使して、取材方法を考え出していくことが大切です。それこそが、企画力であるといえるでしょう。

5　企画力の育て方

■ ヒアリングとプロット作りの練習法

こうした方法に慣れてもらうために、僕は、VJUのワークショップや大学の授業で、ヒアリングとプロット作りをセットにしたトレーニングを受講生に課します（図表8-6）。この方法は実に簡単です。前述したようなヒアリングの方法を講義したあと、受講生同士が2人1組になって、お互いにお互いをヒアリングし、お互いの物語をプロットの形で想定するのです。といっても、受講生がなんらかの社会問題の当事者であるなどというケースは稀なので、テーマは日常的なものを選びます。深刻なものである必要はまったくありません。

例えば、「私の宝物」というテーマで、大切にしている思い出の品について語ってもらいます。思い出の品は、その人の価値観の象徴でもあるので、そこから物語を紡ぐことができるのです。「長く続けている趣味・活動」をテーマにすることもあります。大学の授業で、「アルバイト」をテーマにこのトレーニングを実施したところ、若者が職業観を獲得していくプロセスがよくわかりました。こうしたトレーニングはお互いの理解にもつながるので、価値観の違いを学んだり、交流のきっかけにもなって楽しく訓練できます。

	イストワール（物語内容＝場面）	ディスクール（物語言説＝意図）
起		
承		
転		
結		

図表 8-6　プロット練習用ワークシート

この方法は単に手軽であるというだけではなくて、「照合」が行いやすいというメリットもあります。プロットの中に誤った解釈や誤った因果関係が含まれていたりした場合、すぐ目の前の人に確認をとることができますから、企画力だけではなく情報収集力や理解力を測るトレーニングにもなるのでお勧めです。
　ただし、相手が家族や親しい相手だと、取材者の側に予備知識があるので練習になりません。このトレーニングは、知り合いだけれど友人ではないというくらいの間柄で行うと、ちょうどよいように思います。ワークショップや授業の中では、ヒアリングを行う人だけではなくて、自分の話を披露した人のほうも「自分のあり方が整理されてよかった」と喜びます。この訓練にも、ちょっとしたナラティブセラピーの効果があるのかもしれません。

■企画と共感力
　ところで、このトレーニングを通じて、もう1つわかることがあります。それは、取材する側の共感力の度合いです。ここで説明したヒアリングの方法を適用すれば、誰でも他者から情報を探り出すことはできますが、結果の善し悪しは情報を受け取る側の、いわば受け皿によります。すでに述べたように、ヒアリングの時点で取材者が心を動かされないと、作品を作っても観客の心を動かせません。取材対象の感情を取材者が汲み取り、その感情を喚起させる場面を作ることで、はじめて観客に伝わるのです。これが共感力です。

■若者たちの弱点
　しかし、特に若者は、物語を作るための共感力が不足しがちです。取材相手の気持ちを上手に汲み取れず、ヒアリングを行っても情報が抜け落ちてしまうこともよくあります。その背景にはいくつかの問題があると思います。
　第1に、職業経験の不足や、結婚・出産・子育てなどの人生経験が乏しいために、自分の経験に照らした理解ができない点です。
　第2に、多くの若者が、自分の価値観でしか他者を理解できません。例えば、お金持ちになりたい人は、表現活動に夢中になる人の気持ちがよくわからない、というふうにです。そうなってしまうのは、異なる価値観を受け止めるという

公平な人間観が意識として形成されていないためです。

　エニアグラムと呼ばれる人間研究のモデルでは、人間の価値観は9通り存在し、それぞれ行動規範が異なるとされています。言い換えると、人間の幸福度を量る秤は9通りあるということです。取材相手の動機や判断、幸福度などは、取材者自身の価値観の秤ではなく、あくまでも相手の秤にかけて受け止めないと、ちぐはぐな理解になってしまいます。

　第3に、自己開示の問題です。ドキュメンタリー作りは社会的な行為ですが、これを志す若者にも、ときどき内向的で人付き合いの下手な人がいます。人との関わりよりも、クリエイティビティの発揮に興味があるタイプで、こういう人は技術や表現の面では案外器用だったりします。しかし、自分の考えや気持ちを取材相手に伝える力が足りないと、取材現場でなかなか信頼感を築けず、企画が進展しません。

　つまり、取材がうまく進んでいかないとか、相手の行動の動機などがどうしてもわからないというときは、自分の意識の側に原因があるかもしれないのです。他人を描く行為のように見えるドキュメンタリー作りは、常に作り手自身を照らしています。

■学びの場としてのドキュメンタリー

　このように述べると、「若者にはドキュメンタリーが作れないのだろうか」と思われてしまうかもしれませんが、そうではありません。はじめから人生経験が豊富で、広い人間観を持ち、人付き合いも上手である人間など、いるはずがないのです。むしろ、これらはドキュメンタリー作りを通して学んでいくべきことと考えればよいと思います。

　なぜそんなことがいえるかというと、僕自身もそうだったからです。20代のころから多くのことを取材で学び、今も学んでいるからです。ドキュメンタリーには、世界にメッセージを投じるだけではなく、マイノリティを勇気づけ社会を変えていく力があります。同時にそれは、取材者自身が学んでいくプロセスでもあり、取材とは多くの人に支えられながら進展するものなのです。

　だからこそ、取材者は作品の作り方だけではなく、自らの意識のありように対しても厳しく見る目を持たなければなりません。何かを伝えることの使命

感とともに、自らの弱さを対象化し、少しでも共感力を深められるよう、謙虚に学ぶ姿勢を持つことが大切です。そして、自分の制作活動が多くの人によって支えられて進むことに対し、感謝の念を持たなければならないと思うのです。

■「老師」の言葉

実は、若いころの僕には「老師」のような人がいました。ドキュメンタリーの老舗であるシグロや青林舎のプロデューサーだった平和運動家・庄幸司郎さん（故人）です。「新宿路上TV」の活動には資金援助をいただきました。しかし、活動が注目されて得意げだった僕に、彼はいつも厳しいことを言いました。

「こんなふうに有名になるのは君にとってよくないことだ」とか、「君の作品が面白くないのは、君が面白くない人間だからだ」とか、散々です。当時の僕には「あの爺さん、いつかぎゃふんと言わせてやる」というのが目標の1つでしたが、残念ながら逝去されてしまい、その機会はあの世に持ち越されてしまいました。ともあれ、一番印象に残っているのは、彼のこういう言葉です。

「作品を作るっていうのは、君自身が変わるっていうことなんです」

ドキュメンタリーを作るとは学ぶこと。それを、端的に言い表した名言だと思います。そして彼は「いろいろ作品を作ったら、いつか本を書きなさい」とも言いました。その本意は永遠にわからなくなってしまいましたが、こうして今、この本を書いている僕がいます。

第9章 ボトムアップの取材術

1 取材の準備

(1) 取材計画

■「待つ」取材を軸に

　プロットが完成したら、取材計画を立てます。いっぺんにすべての取材予定を作るのは難しいので、取材相手の都合を聞きながら少しずつ進めましょう。クライマックスは予定調和的に撮れる場合もありますが、「撮りながら待つ」という場合も少なくないと思います。どのような取材体制を組めば「絶好の場面」が撮れるか、取材相手と相談しながら、少し集中して対象に密着する期間を設けるとよいと思います。それは、「朝から晩までを追う」という形もあるでしょうし、「1週間を追う」という形もあるかもしれません。話題にもよりますが、相手の生活や活動全体をひととおり撮るような機会を設けないと、なかなかよい場面に出会えません。予測外の場面を待つ取材を軸にしながら、予定調和的に撮れるものを少しずつ撮っていくように計画を立てるとよいと思います。

　「渋谷ブランニューデイズ」の場合は、駐車場の閉鎖問題をキャッチアップする取材を軸に、ほかの素材を揃えていきました。「産科の安全神話」のときは、足立さん夫妻の出産を軸にしながら、ほかの帝王切開手術や、医師の動きなど並行して撮りました。「救急崩壊」のように、「粘るつもりが一発で撮れてしまう」というケースはそう多くはありませんから、長い作品に仕上げるのであれば、やはりドラマの起こりそうな場面を継続的に追うことが大切になってきます。

　取材計画は、余裕を持って組んだほうが安全です。取材対象の予定もさるこ

とながら、天候なども考慮に入れなければなりません。前述したように風景撮影は、移動の時間があるので、案外時間がかかります。また、資料や物品の撮影では、照明のセッティングに時間がかかります。なんらかの締切や制約がある場合には気をつけましょう。

(2) 取材交渉

■取材交渉の手順

　取材交渉は、なるべく対面で行いましょう。まず電話で対象者のアポイントメントをとり、1～2時間程度の時間を作ってもらうほうがよいでしょう。企画書を持参し、作品のイメージとねらいについて説明します。この段階も「照合」の機会になりますので、企画に関して相手がなんらかの異論を示す、あるいは違和感を述べる場合には、話をよく聞いて、見直すべき部分があれば修正しましょう。また、撮れると思っていた取材内容が、実際に相談してみると困難であることがわかったり、逆に、想像していなかった内容が撮れることになることもあるので、企画の調整をする場でもあります。

■現場のルールとプライバシー

　取材交渉では内容について確認するだけでなく、現場のルールなども教えてもらいましょう。現場によっては、立ち入りを禁じられる危険な場所があったり、病院の手術室のように手指を殺菌して白衣を着なければならないところもあります。取材のために相手に気を使わせるのではなくて、できるだけ「郷に入りては郷に従う」姿勢で、現場に入っていきましょう。

　また、取材相手のプライバシーだけではなくて、学校ならば生徒、病院ならば患者さん、すなわち取材相手の行為の対象者の人権にも配慮しなければなりません。その点は確実にルールを守り、トラブルにならないよう気をつけましょう。

(3) 機材の準備

■ワンマンオペレートの機材選び

　テレビのクルーのようにチームで取材する方法を、ENG（Electric News

図表 9-1　ビデオカメラ・三脚　業務用の中型カメラは、3CMOS方式で画質が良く、キヤノンXLR端子で音声が確実に録れる。また、マニュアル操作がしやすいのも利点。ビデオ用の三脚は、確実にすばやく水平出しができるボールレベラータイプが最適。

Gathering）と呼びますが、なかなか個人で機材を揃えるのは難しいでしょう。レンタルショップもありますが、肩乗せ型のカメラだけでも1日40000円程度のレンタル料がかかり、かなり高価です。

　自主制作を行う人は、機材に資金を使うよりも、交通費・宿泊費などに使ったほうが効率的なので、基本的には**ワンマンオペレート（単独での操作）**を前提に機材選びをしたほうがよいでしょう。

　現在はデジタル一眼の動画機能でもかなり高精細なものが撮れますし、極端にいえば携帯で撮った映像でも作品に組み込むことはできます。ただし、手軽で小さい機材ほどマニュアル機能の調整が難しいので、ワンマンオペレートにもっとも適しているのは、中型の業務用カメラだと思います。プロレベルで使える映像というのは、3板式すなわち撮像素子（CCD、CMOS）を3枚使って色再現を行えるものを1つの基準にするとよいでしょう（図表9-1）。また、音声を確実に録るためには、キヤノンXLR端子を備えたカメラがよいです。このタイプのカメラであれば、レンタルでも1日12000円くらいから借りられますので、コストパフォーマンスに優れています。

　このクラスの記録媒体については、長らくminiDVテープが使われてきましたが、現在ではSDカードなどにデータのクリップとして記録する方式のものが主流になりました。カード型の場合は、編集の際キャプチャ作業が必要ないというメリットがありますが、主流のAVCHDという形式は、クアッドコア以上のCPUを持つパソコンでないと扱いにくいです。パソコンの性能は毎年向上していますので、いずれ問題はなくなると思われますが、当面記録媒体や

フォーマットの選択は再生や編集の条件を考慮したほうがよいでしょう。

■バッテリー、記録媒体の管理

現在、ビデオカメラのバッテリーは、リチウムイオン方式がほとんどです。このタイプのバッテリーは、充電保存するほうが長持ちしますので、使用後は速やかに充電し、満充電状態で保存します。近年は、容量についても向上していますから、取材に際しては長時間バッテリーを2本ほど持参すれば、困ることはないでしょう。記録媒体にテープを使う場合は、まとめ買いをしておいて、余裕ある本数を持参します。イベントの長回しなどをするのでないならば、1日あたり、60分テープを3本ほど持っていけば、足りなくなることはないでしょう。カード式の場合は、画質によって撮れる長さが変わるので、あらかじめデータ容量を確認し、決まった画質で撮るよう設定しておきます。

(4) 周辺機材の準備

■基本の周辺機材

周辺機材として必要なのは、三脚、バッテリーライト、インタビュー用のマイクなどです。三脚は、エレベータ式(クランクによってヘッドが高くなる)が安く手に入りますが、水平をとるために脚の長さでしか調整できませんから、あまりお勧めしません。解像度が高く、後からトリミングできる写真とは違って、映像は加工しない前提で撮らなければなりません。雲台だけですばやく水平調整できる**ボールレベラータイプ**がよいでしょう。

バッテリーライトは、最近LEDタイプの明るいものがあります。直接被写体に当てるとコントラストが高すぎるので、バウンス(光を天井などに間接的に当てる)したほうがよいですが、簡易的には十分だと思います。

人の声を撮るマイクとして、もっとも適しているのは電池を使わない**ダイナミックタイプ**です。マイクの周辺のみから音声を拾うので、周囲に雑音があってもきちんと人に向ければ適切なバランスで声を録れます。周波数特性のうえでも適しています。少し値が張りますが、UHF帯ワイヤレス形式のタイピンマイクも、ノイズが少なくて使いやすいです。カメラに標準で付属するような、指向性の強いエレクトリック・コンデンサマイクは、人を通り越して背景の車

の音などを拾ってしまうので、インタビュー用としてふさわしくありません。音声は映像作品の印象をかなり左右するので、マイクの使い分けをしましょう。

■必須のレインジャケット

　どんなときでも携行しておきたいのが、専用の**レインジャケット**です。ビデオカメラは水滴や塩分などに非常に弱いので、絶対に濡らさないよう気をつけましょう。レインジャケットはカメラによってまったく違う形なので、できればカメラ購入時に同時に買ってください。カメラが型落ちになってからだと、買おうとしても見つからないことがあります。

　風塵対策としては、レンズクリーニングキットも常備しておきましょう。スチルカメラ用のものがそのまま使えます。

　このほか、フィルターなどもスチル用を使用できますので、MCプロテクターでレンズを保護するのもよいでしょう。クロスなど、特殊効果のフィルターはあまり使う機会がないかもしれないので、使いたいと思ったときに買えばよいと思います。僕自身が風景撮影などで使うことが多かったのは、偏光フィルターです。遠くの山の青い霞の色をカットしたり、水中の魚、ガラス越しの風景などを撮るときに、映り込みをカットできて重宝します。

■ワイドコンバージョンレンズ

　狭い部屋などで撮影する場合は、ワイドコンバージョンレンズ（ワイコン）を使うと、風景が2割ほど広く撮れます。ワイコンを付けていると、人の近くで撮れるため、音声も拾いやすくなるという利点がありますが、レンズの周辺に歪み（ディストーション）が発生しますから、人物の背後にフェンスや柱、タイルなどがあるときは、外したほうがよいでしょう。

　最近では、スチルカメラ換算で29mmくらいの広角のレンズを持ったカメラも増えていますので、カメラ選びの1つのポイントといえそうです。ワイコンは便利ですが、どうしてもカメラの前方に重心が移ってしまいますので、なくてすむのであれば、そのほうが楽です。

2　映像技術の基本

■カメラステータス

　フルオートでのビデオカメラ操作は非常にシンプルで、赤い録画ボタンを押せばスタートし、もう一度押すと止まります。ただし、きれいに撮りたければ、ビデオカメラの光学的な設定について理解しておいたほうがよいでしょう。

　カメラの光学的な設定状態のことを、「カメラステータス」といいます。調整が必要な基本項目は以下です。詳細な設定方法はビデオカメラによって異なるので、各カメラの取扱説明書を見てください。

　①**ホワイトバランス**＝色の調整　照明には色の違いがあります。例えば、同じ太陽光でも日中と朝夕では色が異なり、その違いは色温度という単位（K＝ケルビン）で表されます。日中の太陽光は晴天時5600K、白色電灯は3200Kです。撮影時は通常光源の色に合わせてほかの色を表現するよう、調整します。その場の光源の白を基準にするので、この調整のことをホワイトバランス調整といいます。

　人間の目は、光源がどんな色でも「赤は赤、青は青」と認識しますが、カメラで撮影する場合は、光源の色がそのまま表現されてしまいます。夕景をわざと赤くするなどの特殊な表現を選ぶ場合以外は、この調整を行わないと、不自然な色合いになります。撮影を始めるさいには、必ずホワイトバランスを調整しましょう。

　②**感度（dB）**＝撮像素子の明るさ調整　感度とは光を電気信号に変える撮像素子の明るさのことです。dB（デシベル）という単位で表され、通常は0dBです。感度を上げれば、暗いところでもコントラストのある映像が撮れますが、同時に画質は荒れます。したがって、基本的には0dBで撮影し、明るさが足りないときはなるべくバッテリーライトなどの補助光を使いましょう。

　③**シャッタースピード**の調整　シャッタースピードは通常60分の1秒に設定されています。ビデオの1コマは30分の1秒である「フレーム」という単位であり、走査線の数フィールドはその倍で、すなわち1秒は60フィールド

からできているため、光を取り込むときのスピードが60分の1秒になっているのです。

　これは通常、ほとんど調整する必要はありません。ただし、東日本地域で蛍光灯のちらつき＝フリッカーが出る場合は、100分の1に設定します。フリッカーは、東日本地域の電源が50KHzで、シャッタースピードと合わないために起きる現象です。100分の1に設定すれば、倍数となって割り切れるので、フリッカーは出ません。

　④**フォーカス**＝ピントの調整　フォーカスの調整は、被写体にズームした状態で行うと正確に行えます。プロのカメラマンはこの動作を必ず行いますが、家庭用のビデオカメラはマニュアルフォーカス操作が難しい場合もあります。無理にマニュアル操作をするよりは、基本はオートにしておいて、ピントが外れた場合だけ調整したほうが、合理的かもしれません。

　⑤**アイリス**＝絞り（光量）の調整　アイリス（絞り）は、レンズの後部にある絞り羽根によって、光量を調整する機構です。通常はオートでもかまわないと思いますが、問題が発生するときがあります。

　被写体の背景に空があるとき（逆光）などは、背景を基準に光が絞られて被写体が暗くなってしまいます。その場合は、マニュアルで絞りを開けると、適正値が得られます。家庭用だと、独立した「逆光補正ボタン」が付いている場合がありますが、得られる効果は同じです。

　逆に、ステージ上でスポット光を浴びている人物などを撮る場合は、背景に合わせてカメラが絞りを開けてしまうので、人物が白飛び（過順光）してしまいます。このときは、マニュアルで絞りを少し閉じます。

　なお、絞りには被写界深度（ピントの合う幅）を変える効果があります。絞りが閉じているほうが深度は深く（ピントが合いやすく）、開いているほうが深度が浅く（ピントが合いにくく）なります。

　この現象を利用して、スチルカメラと同様に、望遠レンズなどと併用してわざと背景をぼかすテクニックも使えます。

　⑥**ズーム**＝画角の調整　ビデオカメラにはすべてズーム機能がついており、レバーやシーソー式のスイッチによって画角を調整できるようになっています。しかし、ズームをすればするほど、画面は揺れやすくなり、ピントが合いにく

くなります。

したがって、プロは通常ズームを最広角にした状態で撮影します。ズームを使うときは、揺れないよう三脚に載せるのが普通です。

■オートを活用しよう

撮影時に、これらすべてのカメラステータスを調整するのは、なかなか難しいことです。放送用の肩乗せカメラの場合は、ほとんどの調整が手元でできるようになっていますが、中型以下のカメラの場合は構造上操作がしにくいためです。僕はもともと肩乗せのカメラで撮影を学んだのですが、中型以下のカメラでワンマンオペレートを行うときはむしろオートを活用しています。

通常の照明条件であれば、ホワイトバランスを設定する以外、感度やシャッタースピードは調整する必要がありません。人の動きを撮る場合などは、フォーカスもアイリスもオートにして、問題が起きたときだけ調整するほうが、取材に集中できます。マニュアル操作に固執しなくとも、豊かなバリエーションのショットを撮れれば、それでよいと思います。小さなカメラを使う場合は、この点で割り切りが必要かもしれません。

■ショットは足で稼ぐ

前述したように、画角をズームで調整するのはお勧めできません。プロの世界では「ショットは足で稼げ」といわれていますが、デクパージュを行うさいに被写体との距離を変える足さばきに慣れてください。つまり、限定配列の場合は近づき、設定配列の場合は被写体と十分な距離をとって撮るのです。その足さばきは、卓球もしくはテニスの試合くらいの動きになります。なかなか体力を使いますが、この動きが迅速にできないと、きちんと場面を作っていけません。映像取材のパターンにはいくつかバリエーションがありますが、「デクパージュ＝距離を変える」という原則は、共通です。

3　映像取材のコツ

(1) ショットではなく場面を撮ろう

■ビデオジャーナリストの流儀

　ここまでのテクニックは、だいたい技術系の技法書に書いてあることと同じです。ただし、本書では個人制作を前提としていますから、実際の映像取材の方法論については少し異なることを書きます。

　個人制作を行うということは、ディレクターとカメラマンが同一人物であるということです。その場合、単に1人2役であると考えると、かえってワークフローに混乱を招いてしまいます。それよりは、カメラマンとしての仕事を、ディレクターの仕事の延長としてきちんと位置づけたほうが、物語構築には有効です。そういう発想こそ、僕が築いてきたビデオジャーナリストの流儀です。

■取材とは「場面」を得ること

　前章までで縷々述べてきたように、ディレクターの目標とは物語を紡ぐことです。従来の体制では、その物語構築の一部の作業をカメラマンに託してきたわけですが、実はカメラマンとの連携は必ずしも簡単ではありません。ともに現場に出ていても、カメラマンはジャーナリストではないので、問題意識の共有にはどうしてもズレが生じます。そのズレを少しでも減らし、ディレクターがショットを選びやすいよう、カメラマンは工夫します。しかし、このことは、ワークフロー上に「撮影を指示し、膨大な素材を選ぶ」というもう1つの過程があることを意味します。

　しかし、ビデオジャーナリストにはその過程が不要です。ショットの組み方や物語の作り方を熟知していれば、非常に効率よく素材を集めることができます。僕の感覚で言うと、ビデオジャーナリストの取材は〈現場で物語を構築すること〉です。

■ショット単位の撮影から場面単位の撮影へ

このことを技術的に言い換えると、〈撮影とはショットを撮ることではなくて、場面を撮ることである〉といえます。1つの場面を作るには必ず複数のショットが必要です。モンタージュを可能にするデクパージュとは、必ず〈いくつかのショットの組み合わせ〉です。逆にいえば、組み合わせを考慮されていないショットにはあまり意味がありません。

したがって、はじめから場面を想定したショットの組み合わせを撮っていけば、〈ショットを選択する手間〉は大幅に減り、かつ過不足のない適切な素材が集められることになります。

個人制作における撮影には、まずこうした〈発想の転換〉が重要です。

(2) 風景を撮る

■車窓は風景ではない

まずは風景撮影について述べます。第4章で述べたように、空間のショットをデクパージュするときは、全体と部分を切り取ります。人物の行動に伴うような設定配列(ロング)は、人物取材の作業の中で撮ればよいのですが、物語のもっと大きな枠組み、すなわち地域の特色や季節感を出すためには、人物の行動を取材する計画とは別に、風景撮影の日を設けたほうがよいでしょう。

バスや電車の車窓から撮った素材を風景素材の代用にしているようなドキュメンタリーをときどき見かけますが、とんだ手抜きだと思います。車窓の映像を使ってはいけないということではないですが、そうしたショットには「移動」の意味が含まれますし、いくぶん主観的なニュアンスを持ちます。つまり、物語の設定の意味には使いにくいショットです。物語の背景としての風景撮影は、何かのついでではなく、独立した取材を組んで行うのが普通です。

■風景撮影のデクパージュ

例えば「東北の寒村」を示すには、雄大な雪山のショットや、木々に降り積もる雪、村全体が見える俯瞰の風景などを探して、何キロかごとに車で移動しなければならないかもしれません。「ニューヨークの朝」を撮るためには、交差点を行きかう人々や、タクシーの列、地下鉄の構内に入らないといけないか

図表 9-2　風景の撮影　渋谷の夜の風景を、雑踏と野宿の人で示した一連のショット。「にぎわう繁華街」の影に貧困問題が潜むことを表現する場面になっている（映画「渋谷ブランニューデイズ」より）。

もしれません。あるいはマンハッタン島全体を映すために、ニュージャージー側に移動する必要があるかもしれません。そのために、半日〜１日程度費やすというのが、風景撮影です（図表 9-2）。

　これには移動が伴いますから、撮影のスポットはロケハンの時点でチェックし、絞り込んでおく必要があります。そして、天候などを見ながら、決めたスポットごとになるべく多くのショットを撮るようにします。

　そのさいに注意したいことは、やはりデクパージュです。設定的なショットばかり撮るとか、逆に点景ばかりを撮るというような偏りがあると、豊かなモンタージュができません。

　したがって、風景を撮るときには、目の前の景色をよく観察して、そのポジションごとにデクパージュを行うようにするとバランスよく素材を撮れます。例えば、「平和な休日」といった意味合いで、日曜日の公園を撮るとします。手順としては、最初に公園全体がきれいに構図に収まるポジションを探し、三脚を立てます。そこで、まず公園全体の設定配列のショット（ロング）を撮りましょう。次に、そのショットに含まれるさまざまな記号を探してください。中央に噴水があり、鳩が飛び、ベンチにはカップルたちが座っているかもしれません。ボール遊びをする子どもや、散歩する老人がいることもありますね。

　それらの部分的記号を、ズームで撮ってもよいですし、通行人などが邪魔して撮りにくいようなら、近くへ移動して撮ります。こういう作業を続けていけば、偏りのない素材が撮れます。

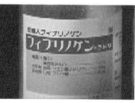

図表 9-3 ブツ撮り　薬害肝炎感染の原因となった血液製剤を撮ったショット。ブツ撮りでは、バランスよく物体を配置し、ディティールを細かく撮っていく。

■場面としての風景

このとき、何を選んでカメラを回すのかは、物語上の位置づけによります。町並み1つ撮るにしても、自ずと意味のある風景はありません。その町並みから、人々の笑顔やふれあいを選ぶのであれば活気のある街としての場面が組めますし、雑踏の影にひそむ野宿生活の人や、散らかったゴミなどを選ぶのであれば殺伐した印象になるでしょう。

物語においては、純然たる風景というものはありません。それは主軸となるドラマの背景であり、季節や時間の流れを感じさせる「間」です。つまり、風景もまた場面なのです。したがって、そこにどんな意味を担わせるかという判断が素材の良し悪しを決めるでしょう。

(3) 物を撮る

■物に語らせる

次に、物品を撮る方法です。物語の中で、人物や乗り物などではなく、動かない資料や物品によって何かを示さざるをえないときがあります。例えば「大量の資料の中に、動かぬ証拠を見つけた」とか「中毒事件を起こした食品の一部に、毒物指定されている薬品が使われていた」などといった場合です。こうした資料・物品は、暗幕などの上に置き、スポット照明を当てて撮影します。商品撮影にも似た、この作業のことを映像業界では「**ブツ撮り**」と呼びます（図表 9-3）。

この場合、話したり動いたりする人物を撮るのとは違って、被写体にはまっく動きがありません。したがって、単に置いて撮るだけでは場面が成り立たず、

単調になりがちです。このため、ブツ撮りでは、さまざまな工夫によって「物に語らせ」ます。

■ブツ撮りで場面を作る

　資料であれば、紙をめくる手のアクションを入れたり、重要な文言を限定的に撮り（限定）、編集でアンダーラインを入れたり、あるいは、文章の水平にカメラの水平を合わせて、「読んで」いるかのようにパンニングするなどの方法が使われます。

　物品、例えば薬品の瓶であれば、少し角度をつけた全体が映るショットのほかに、薬品名のラベルや原材料のラベルを限定的に撮る、瓶の内容物が見えるようゆっくりとティルトダウンしたりといった方法で、複数のショットによるモンタージュが可能になるよう、撮影します。

　つまり、撮り方を工夫すれば、小さな物体1つでも場面が作れるのです。こうした場面は話法としては「物語化された言説」、すなわちナレーションによる説明が不可欠ですから、その説明の尺（最低でも15～20秒）を満たすためにも、デクパージュが必要になるのです。

（4）人を撮る

■人の動きをデクパージュする

　ドキュメンタリーの主軸となるのは、なんといっても人を撮った場面です。風景やモノとは違って、人は動き、話します。その分、映像素材は雄弁になりますが、変化が多い分、取材はもっとも難しいといえます（図表9-4）。

　第4章で述べたとおり、人物は動作を撮ったり表情を撮ったりして、デクパージュできます。もちろんその間に、複数の人数からなるショットを撮ることもできます。つまり、人を撮る基本は行動と心理、社会関係の軸でデクパージュすることです。とはいえ、行き当たりばったりに撮っていると、相手も動いているだけに、なかなかバランスのとれた素材が撮れません。相手の行動が著しく移動を伴うような場合には、背中を追うショットばかりになってしまったりします。そうやって無造作に撮られた人物素材はモンタージュが難しいため、結果的にショットの前後が入れ替わるような複雑な編集をする羽目になります。

〈設定配列〉　　　　〈限定配列〉　　　　〈限定配列〉　　　　〈連関配列〉

図表 9-4　人を撮る　看護師が注射液を用意する様子を撮った一連のショットを並べたもの。数字は素材のタイムコードを示す。人物を撮るさいは、1つのアクションをいくつかのデクパージュに分けて撮るようにすると、編集のときに簡単に場面を作れる。タイムコードから明らかなように、これらのショットは連辞撮影法(イディオム・シューティング)の技法によって20秒以内で撮影されている。

そして、ショットにNGが増えると、刻々と状況が変化するような現場の様子をきちんと再現することができません。対象に「動き」という要素が加わるだけで、風景やモノを撮るのとはまったく違う状況が生まれます。

こうした混乱を避け、モンタージュを前提とした素材を撮るために、報道のカメラマンはよく取材対象に「再現」や「アクションの継続」を注文します。「今やったアクションをもう一度やってください」「そのまま同じように動いていてくれませんか」というようなことを言うのです。そして、自分のペースでデクパージュを始めます。テレビの撮影した素材は一見きれいですが、実はそういうお膳立てをしている場合が多々あります。

しかしこの方法は、劇映画において役者に演技をつけるのと同じことであって、相手に負担をかけることを意味します。また、1分1秒を争うような作業をしている場合、相手はそんな注文に答えることができません。やむをえない場合を除き、あまり真似してほしくない方法です。

では、時々刻々と変わるアクションをカメラに収めるにはどうしたらよいのでしょうか。VJUのワークショップや大学の授業で僕が勧めているのは、状況を場面として切り取る「**連辞撮影法(イディオム・シューティング)**」という独自の方法です。

■連辞撮影法(イディオム・シューティング)とは何か

この方法は、ワンマンオペレーティングの経験を重ねる中で、僕が考案した新しい撮影方法です(図表9-5)。この方法を一言でいうならば、撮影のときに

〈従来の方法〉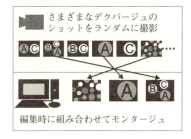

〈連辞撮影法（イディオム・シューティング）〉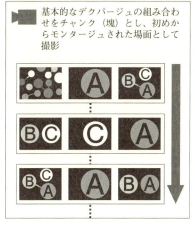

図表 9-5　連辞撮影法（イディオム・シューティング）　ショット単位で撮られる従来の方法では、照明条件が変わったり、服装や持ち物などが変わると編集が困難になる。イディオムシューティングは場面単位で撮影するので、編集に困ることがない。さまざまな取材に適用できるが、特に人物の生活や仕事に密着するときに有効。「撮るときは最低3つの配列」を励行していれば、緊急時にも場面が作れる。

同時に編集してしまう、つまりデクパージュとモンタージュを同時に行う撮影法です。ショットごとに撮るという発想ではなく、一連の場面として撮るという連辞的な発想から、「連辞撮影法（イディオム・シューティング）」と名づけました。そんなことが本当にできるのかと疑う人もいるかもしれませんが、訓練しだいでは誰にでもできる方法です。

■撮影をモンタージュに変える「デクパージュ・モデル」
　連辞撮影法を行うために必要なのは、55頁以降で述べた「デクパージュ・モデル」と、「デクパージュの3つの軸」および「条件的モンタージュ」に関する理解です。これを基準に、撮るときは〈連続して最低3つのショットを必ず撮る〉という習慣づけを行うのです。最低3つとは、もちろん「設定配列」「連関配列」「限定配列」の3つです。テレビの一般的な尺でいうと、だいたい「7秒」「5秒」「3秒」前後のショットの組み合わせになります。合わせると「15秒」になりますから、一般的な尺のナレーションがすっぽり収まる長さに

なります。

このとき、1つずつショットを考えて撮ってはいけません。3つ以上のショットをなんらかのモンタージュとしてあらかじめ想定し、すばやくポジションを替えながら間断なく撮るのです。このときはもちろん、脚で距離をとってデクパージュを差異化します。この一連の動きを、撮影の1単位とします。デクパージュに差異があれば、この1単位で1場面が撮れます。慣れてくると、30秒ほどですみます。15秒がショットの長さ、残り15秒がポジションを変えてカメラを構える秒数です。つまり、この方法だと場面1つを作るのに1分かからないのです。全面的に適用すると、どこを見ても必ず場面をなしている素材が撮れます。これが、連辞撮影法の極意です。

■ワーキングメモリの活用

この作業を成り立たせるコツは、作業内記憶（ワーキングメモリ）の活用にあります。取材中、その日に自分が撮ったすべての素材を記憶している人はいません。見逃されがちですが、映像は撮っている人間にとっても「流れ過ぎるイメージ」なのです。したがって、ショットを撮れば撮るほど、前にどんなショットを撮ったか、思い出すことができません。

連辞撮影法の方法において、すばやくポジションを変えるのは、実は前のショットの記憶が残っているうちに、次のショットを差異化して撮るためなのです。例えば、10のショットを撮るとして、すべてのショットを一度に想定することも記憶することもできませんが、3つずつとか、4つずつのショットによる場面ならば、想定するのは容易で、撮影中も覚えていられます。3つのショット―4つのショット―3つのショットで3回のセッションを行えば、合計10のショットが3つの場面として撮れることになります。人間のワーキングメモリの持続時間は30秒〜1分程度だといわれていますから、連辞撮影法の1単位はだいたいこれに収まります。つまり、この方法は生理的にも合理性があるのです。

こういうふうに、情報をいくつかに分けて記憶することを、脳科学で「**チャンク**」（塊）といいます。例えば、11桁の090123x456xという携帯電話番号を090-123x-456xというようにハイフンで区切ると覚えやすくなるというのもチ

ャンクの効果です。連辞撮影法では、この数字が「ショット」、チャンクが「場面」なわけです。ショットは場面というチャンクに固め、しっかりと区切ります。

撮影において「区切る」とは、つまり「撮らない」ことを意味しますが、何もしないのではなくて、その間に周囲を見渡して次の場面を探すとか、取材対象と言葉を交わして、次の場面に備える時間なのです。これは、適用するモンタージュを「動作」から「会話」に切り替えるとか、「移動」に切り替えるというような、モードチェンジのタイミングでもあります。

連辞撮影法は、わずかな時間に動き回らなければならないので体力を使います。けれども、デクパージュを切り替える感覚を体に覚え込ませれば、次第に訓化されます。つまり、あまり考えなくても適切なリズムで撮影できるようになるのです。この方法は、まさに**モンタージュの身体化**なのです。

■現場に連動するビデオジャーナリスト

ただし、状況を観察せずに自分のペースだけで場面を作っていくと、よいタイミングを逃すこともあります。現場の人の動きをよく観察して、ねらった画をあらかじめ待つような撮り方ができれば、場面は非常にダイナミックになります。

僕が放送の仕事を始めたときには、すでにこの方法を体得していて、さまざまな取材に活かしてきました。特に、前述した「救急崩壊」の救命救急センターの取材は、まさに連辞撮影法の真骨頂でした。救命救急の現場には1分1秒を争う人の動きがあります。初療室は必ずしも広くはないので、ENGスタイルでは、その場に居合わせることさえ難しかったでしょう。そして、刻一刻と進んでいく治療の段取りは、編集で前後させることができません。「もう一度やってみてください」なんていえる現場ではありません。

僕は1つ1つの医療行為の進展を、医師たちの会話のやりとりから予測し、レントゲン、MRI、麻酔、あるいは電気ショックといった作業を待ち構えて撮り、場面を撮ったらすぐに離れる「ヒット・アンド・アウェイ」のアクションで、医師たちの動きに連動しました。一度だけ看護師さんと袖触れ合うくらいの接触がありましたが、ぶつかって迷惑をかけるようなことにはなりませんで

した。その間、取材対象との会話はほとんどありません。状況を観察し、ポジションを探し、迅速に撮って離れるだけです。「もっと尺を伸ばしてくれ」といわれた素材は、そうやって撮ったのです。

　医療行為のタイミングを予測できたのは、それまでのさまざまな医療機関での取材の蓄積によります。医療用語や機器の名称と形、手術を進める段取りなどを、たくさん見てきたおかげです。そういう意味でも、ENGのカメラマンがいきなりその日に撮るのは無理だったと思います。場面には自ずから意味があるのではなくて、意味を見出すのは撮る人です。

　つまり、よい場面を撮るためには、それなりの予備知識や、現場の動きに対する理解がなくてはならないのです。ビデオジャーナリストとしてディレクターとカメラマンを兼任する意味が、そこにあります。技術だけでは、意味ある場面は撮れないのです。「救急崩壊」の特集を見て、「現場のありのままを撮れば、正しい報道ができるんだ」という感想を書いた医師の方がいました。連辞撮影法は厳密にいえば「ありのまま」ではないのですが、現場の動きにもっとも連動できる方法であることはたしかで、まさにボトムアップの撮影法なのです。アンドレ・バザンが主張し、さまざまな映画監督が挑戦した「恣意性を排するリアリズム」とはまったく逆に、極限的なモンタージュの駆使によるリアリズムの追及であるともいえます。

■音声を逃さないために

　さて、連辞撮影法を行うにあたって、1つ注意しなければならないのは「音声」です。現場での会話や機器の作動音などの音声は、場面をリアルにし、直接話法を構築するための大切な軸です。この方法においては、「7秒」「5秒」「3秒」というような、視覚認識を基準としたデクパージュの尺が基本的なカットのタイミングになります。しかし、撮っている間に言葉などが聞こえてきたら、その言葉が終わるまではカットしてはいけません。取材相手の邪魔になりそうな場合は、ポジションを離れながらもそのまま回し、言葉が終わったときにカットしましょう。会話として続くようなら、すぐに設定配列のデクパージュか、会話の相手に構図を合わせて続きを撮ります。つまり、動作のモンタージュから、会話のモンタージュへ優先的に移行するのです。言葉が交わされ

ている間は、言葉の切れ目でカットする、ないし構図を変えます。このときは、視覚認識の基準は無視してよいのです。音声をまるごと撮りましょう。もちろん、あまり意味のない会話だと判断した場合は、途中で動作のモンタージュに戻ってもかまいません。とにかく、音声には敏感に反応することが大事です。

このように、人を撮るときは、動作のモンタージュもしくは会話のモンタージュのどちらかに場面をまとめれば、どんな出来事が起きてもたいていは受け止められると思います。

■**移動のイディオム**

ところが、相手が場所を移動する場合は、これらとはまったく違うスタイルで撮影を行う必要があります。「動作」や「会話」をデクパージュするさいは、対象に対して撮影者が動くのを基本としますが、移動風景を撮るときのコツは「動かずに相手との距離を利用する」ことです。

この方法は、あらかじめ相手の移動方向を知っておく、あるいは予測する必要があるのですが、流れとしては「相手の先回りをして前から撮り、通り過ぎる後姿を押さえて、再び先回りをする」という動きをします。相手が移動する場合、自分がその動線上の中間点にポジションをおけば、構図は、遠いときは「設定配列」、一番近づいたときは「限定配列」の構図に自ずと変化します。このとき、一連のデクパージュの変化をノーカットで捉えるのがポイントです。つまり、編集のとき長いショットのどこを使うかによって、デクパージュを差異化できるように撮るのです。この場合は、カットされたショットの集合がチャンクになるのではなく、さまざまなデクパージュの含まれた長い1つのショットが、チャンクということになります。

ただし、モンタージュには「**方向の一致**」という原則があります。「左へ向かった人物が、次のショットで右に向かう」というようなショットのつなぎでは、方向に矛盾が起きます（67頁参照）。したがって、方向を変えたいときは「真後ろからのショット」（動線上のショット）によって、方向をリセットし、次のショットを撮るのです（図表9-6）。すなわち、「左から右」「真後ろ」「右から左」という展開なら、矛盾を解消できます。こんなふうに撮っていくと、場所を移動する人物の様子を余すところなく場面にすることができるのです。

図表 9-6　移動のイディオム

■場面設定と空舞台

　人を撮っているときに忘れがちなのは、場面の設定です。前述のとおり、条件的モンタージュによって「つながって見える」つなぎのことをマッチカット、不連続に見えるつなぎのことをカットアウェイと呼びます。人を追い続けている場合、マッチカットだらけになってカットアウェイができないという事態に陥ることがあります。カットアウェイは、場所の移動や時間の経過を示す方法で、物語上、時間を省略するための技法でもあります。

　これに適しているのは「人が映っているショット」ではなく、むしろ人が映っていない「**空舞台**」のショットです。「空舞台」は演劇用語で、舞台上に演者が立っていない状態を指します（逆は「板付き」という）。具体的にいえば、場所を移動したことを示す「別の場所」の外観や看板、あるいは時間経過を示す時計や、夕景などがこれにあたります。

　人を撮り始める前には、なるべくあらかじめ建物の外観などを押さえて場面設定をしたほうがよいでしょう。また、長時間にわたって密着取材をしている

ときは、時間経過を示すショットを探して、ときどきそれを撮りましょう。また、取材相手の行動範囲が変わった場合も、「本人が映らない」ショットを探し、居場所の違いを示せるよう撮っておくと、編集のさいに上手に場面を変えることができます。例えば、医師が診察室から手術室に移ったのであれば、移動の様子を撮ったうえで、あとで手術室と書いてあるプレートとか、手術室の入り口を撮っておきます。そうすると、編集では、〈移動して手術を始める〉という場面も作れますし、〈診察室の場面〉から〈プレート〉をはさんで〈手術室〉に直接場面を変える（省略）こともできます。つまり、空舞台によって編集における場面の伸縮が、より自在になるのです。

(5) インタビューを撮る

■インタビューの形式

　ひと言でインタビューといっても、いくつかの形式があり、これによって準備も異なります。取材相手の行動・動作の間に聞くようなインタビューは、「ぶら下がり」と呼ばれ、通常カメラマイクでそのまま撮ります。例えば、料理中のお母さんに「今日のメニューはなんですか？」と聞き、相手が「麻婆豆腐です」と答えるような形式のことです。普通の人物取材の合間に、ときどきこうした質問をすれば、直接話法的な場面としてリアルになりますので、編集で重宝します。しかし、相手がなんらかの作業をしているときに話を聞くわけですから、答えの難しい質問や抽象的な質問は避けましょう。

　また、不特定多数の意見を聞く「街頭インタビュー」は、延長コードを付けたダイナミックマイクで撮るのが普通です。2人組でやったほうが効率的ですが、ワンマンオペレートの場合は、三脚を使うとブレずに撮れます。質問は、あらかじめ用意しておきましょう。

　取材相手がきちんと椅子に座って話すインタビューのことを、「ストレートインタビュー」ないし「板付きインタビュー」と呼びます。ドキュメンタリーの中で一番使われることの多い形式で、じっくりと考えを聞くようなインタビューです。以下の説明は、この「ストレートインタビュー」についてのものです。

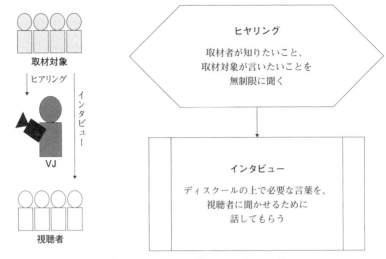

図表9-7 ヒヤリングとインタビューの違い

■ヒアリングとインタビューの違い

「話をじっくり聞く」という形式から、これはヒアリングと同じ作業のように思われるかもしれません。しかし、ヒアリングとインタビューは似て非なるものです（図表9-7）。ヒアリングは取材者が理解するために聞く話であるのに対し、インタビューはカメラを介して視聴者が聞くためのものです。したがって、あまり言いよどんだり、不明点を聞き返すなどの対話は避けないと、聞きにくいものになってしまいます。

インタビューでの取材者の役割は「聞き手」ではなく、講演会の司会者のような立場だと思ってください。自分が「聞く」のではなく、視聴者に向かって「話してもらう」のです。取材者の質問は、上手に相手の話を導き、交通整理をするようにしなければなりません。

■インタビューの準備

インタビューの準備として大切なのは、**質問項目**の作成です。インタビューは、間接話法としての場面の1つです。必要となる内容は、プロットから自ずと見えてくるはずです。また、ヒアリングの内容を再度チェックして、興味深

かった話、重要だと思う話をピックアップします。

つまり、質問項目の作成とは、疑問を明らかにするための項目ではありません。すでに取材者が理解している内容から〈答え〉を想定し、それを導くための言葉を、〈質問〉の形に書き出すことなのです。この場合も、質問の冒頭には必ず5W1H

図表 9-8　インタビューの風景

の疑問詞を使います。質問の順番は、時系列、もしくは背景から経緯、焦点へ向かうような論理構造で並べるとよいでしょう。一番のポイントが語られる前に、前提としてのエピソードや背景、経緯が語られていないと、せっかくの重要な答えが説明的になり、端的なインタビューになりません。

■ インタビューの技術

ストレートインタビューは、椅子を対面に並べ、取材者の脇に三脚を据え、ダイナミックマイクもしくはワイヤレスのタイピンマイクを使って撮ります（図表9-8）。このとき、相手には取材者のほうを見て話すようお願いします。基本の構図はバストショットとし、重要な話のときはアップにするとよいでしょう。2人組ならばズーム・イン／アウトも使えますが、ワンマンオペレートの場合、構図の切り替えは質問のさいに行います。

相手が話している間は、極力相手の目を見ましょう。そして、声を出さず、うなずき（傾聴マーカー）ながら、聞きます。あまり端的な発言が得られなかったときは、質問を変えてもう一度聞いたり、新たに質問を増やしてもかまいません。予定した質問は、「私からの質問はこれで終わりです。何か、これだけはと思うことがあれば最後にひと言お願いします」と聞いてみましょう。「終わりだ」と告げられれば、言い残した言葉を人は探します。このとき、一番思いのこもった言葉を得られることがあります。

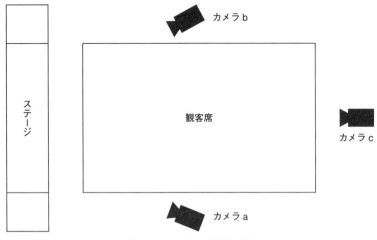

図表9-9　パラレル撮影の方法

(6) イベントを撮る

■簡易的なイベント取材

　ドキュメンタリーの取材の中では、ときどきイベントの収録をするような展開になることがあります。主人公が講演会で話したり、あるいはコンサートを行ったりといったケースです。

　テレビの取材班がよくやる方法は、会場の外観を撮ってから中に入り、話や曲のワンフレーズをバストショットで撮ったあと、それを聞いている観客、会場の最後部からステージ全体を撮るというような手順です。イベント自体があまり中心的なエピソードでなければ、これで十分かもしれません。

　しかし、物語の中で重要な場面であったり、主人公がミュージシャンやダンサーであったり、ステージ上での活躍が一番の見せ所である場合は、そうもいきません。また、行きがかり上、取材相手にイベント記録をプレゼントするというような場合もあるでしょう。

　そういうときは、思い切ってイベント収録の体制をとりましょう。複数台のカメラを設置して、スイッチング操作などができれば理想ですが、費用的にも技術的にも個人ではなかなかそういう体制は作れませんので、ここでは簡易的

な方法を紹介します。

■ステージを丸ごと撮る「パラレル撮影」
　一番簡単なのは、カメラを2台用意して、1人で撮る方法です。まず、ステージの中心軸上でステージがすべて構図に入る場所に1台無人機を置きます。このとき構図は設定配列で完全に決めておき、本番直前に録画を開始します。
　もう1台のカメラは、ステージに近い左右どちらかの袖通路にポジションを作り、カメラを三脚に載せ、やはり本番前に録画を開始します。こちらのカメラはどちらかといえば、限定配列や連関配列の構図をズームで作ります。言葉であれば話の切れ目、音楽ならばフレーズを基準に構図を変えるのがポイントです。狭い会場なら、前にある2台のカメラは手持ちでもかまいません。
　このとき、どちらのカメラも回しっぱなしにします。そうすれば、編集のさいにTC（タイムコード）を基準に音をシンクロさせることができ、また、デクパージュの切り替えができます。こうした撮り方をパラレル撮影といいます（図表 **9-9**）。
　もちろん、仲間がいれば後ろのカメラ番を頼んでもよいし、撮る腕のある仲間を集めて、3カメ、4カメとカメラを増やしてもよいと思います。

第10章 ドキュメンタリーの構成

1 素材整理

(1) 素材の管理と内容の把握

■R番号と日付

　まず、取材終了からのワークフローを、図表 **10-1** で確認してください。フローチャートで書いてあるのには意味があります。内容を検討し、問題があれば、プロット作りや取材に戻るというプロセスも必要だからです。

　さて、取材した映像素材は、必ず日付順に管理しましょう。テープの場合は通常 **R**（ロール）**番号**といって、R-01, R-02, R-03……といった感じの番号を、ラベルに書いて貼ります。miniDV テープはラベルも小さくて書きにくいのですが、R 番号のほかに、日付と内容を簡単に書きます。このメモがあるかないかで、だいぶ作業効率が違います。

　最近では SD カードのような記録媒体に録画するビデオカメラが増えていますが、カードを繰り返し使うのであれば、撮影日の名前を付けたフォルダをパソコンもしくは外付けハードディスクのデータ領域に作成し、その都度データを転送しておくとよいでしょう。

　これらの情報を書類に整理したものが、「**素材リスト**」です。R 番号ごと、もしくは日付ごとの一覧表をワードやエクセルで作ります。書類にしておけば、編集のときに素材探しが楽になります。

■内容のチェック

　取材期間中でも時間があれば、どんどん内容をチェックしていきましょう。1 つのテープ（もしくは日付フォルダ）の中にどんな映像があるのかを、素材を

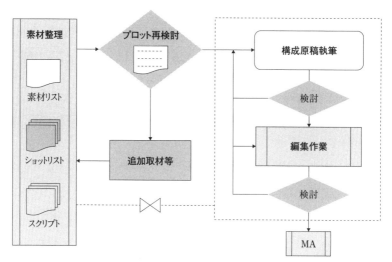

図表 10-1　構成〜編集のワークフロー

標準再生しながら、書類を作ります。これを「**ショットリスト**」と呼びます。

ショットリストでは、**TC（タイムコード）**を左欄に書き、右欄に内容を書きます。内容といっても文字どおりショットごとである必要はありません。前章で述べた連辞撮影法（イディオム・シューティング）を活用していれば、素材は場面として撮れているはずですから、基本的には「場面のリスト」でよいと思います。「この場面は貴重だ」とか、「このショットはすごくきれいに撮れた」とか、編集に使いたい部分には★印などを付けて、後から見つけやすいようにしておきます。

このとき、特に重要なのは音声です。映像は早送りでもチェックできますが、音声は標準再生しないとたしかめられません。ですから、最初に素材をチェックしたとき、ぶら下がりインタビューや現場の会話などの中に使えそうな言葉を見つけたら、必ずそれをショットリストに記入します。

ただし、ストレートインタビューとして撮られたものは、全部書き起こすと書類自体を見渡すのが難しくなってしまいます。なので、ショットリストのインタビュー部分には「〇〇さんのインタビュー」とだけ書いて、詳細は次に述べるスクリプトのほうに記載するとよいでしょう。

■ストレートインタビューの書き起こし

ストレートインタビューは、文字に起こします。これを「**スクリプト**」といいます。これもショットリストと同じように、左側にTCの記載欄を作り、質問や話し始めのところにTCを入れていくようにすると、後で検索しやすくなります。インタビューの言葉はそのまま使うものなので、言い間違いなども含めて書き起こす必要があります。

(2) プロットとの照合

このような形で素材情報がリスト化されたら、プロットとの照合を行いましょう。ドキュメンタリーは予定どおりに撮れるとはかぎりません。企画段階と取材の**撮れ高（素材の過不足）**に違いがあれば、プロットを修正していかなければなりません。とはいえ、取材で何か大きな認識の誤りでもないかぎり、大幅にディスクールを変えるのは問題です。予定していた場面が撮れていなければ、素材の中から代用できる場面を探すか、あるいは再取材を検討するようにします。

ちなみに、撮れた素材が少ないために、プロデューサーの意見でディスクールを変えられてしまうことが、放送局ではままあります。ディレクターは、表現力を駆使して、現場から得たディスクールを守らなければなりません。

2　構成

(1) 構成とは何か

■構成とは設計図だ

構成（構成原稿）はドキュメンタリーにおける脚本です。といっても、映画の脚本のようにト書きとセリフで直線的に書いていくのではなく、映像と音声を左右に書き分ける形式で書きます。映画は直接話法がほとんどで、ナレーションがほとんどありません。しかし、ドキュメンタリーは直接話法・間接話法・言説話法の3種類の話法を組み合わせて作るので、映像と音声を対称的に記述する必要があるのです。

映像の欄には、必ずしも各ショットをすべて書き入れる必要はなく、場面をメモに書けばよいのですが、基本的には編集のための設計図といえるでしょう。

■構成が先か、編集が先か

日本のテレビディレクターの中には、とにかく印象深い素材をつないで、それから構成を考えるといったような段取りで作業を進める人がいますが、あまり感心しません。インパクトは出せるかもしれませんが、これによってディスクールが混乱し、主旨が変わってしまうことがあるからです。ドキュメンタリーの取材対象は現実に暮らす人々であり、現実の世界なわけですから、感覚的な構成で印象を作るのは問題だと思います。

したがって、僕は必ず構成から書きます。映像の印象をたしかめたいときは、大雑把な構成を書いたうえで、パソコン画面左側にそのファイルを開き、右側に編集ソフトを立ち上げて、素材と照合しながら構成を書いていきます。

■話法のバランスを確認する

構成を書くということは、話法のバランスをとっていく作業でもあります。ニュース原稿のようにすべてをナレーションで説明してしまったら、ドキュメンタリー形式にする意味がありません。映像・テロップ・現場音・インタビュー音声・ナレーションは、相互補完的に情報を伝えられるよう、組んでいきます。最近のテレビ報道では、やたらとテロップが多いのですが、基本的には映像だけではわからない情報をテロップやナレーションで伝えます（図表10-2）。

構成を書くときは、現場の映像と会話などで作る直接話法を場面の核にするようにして、ナレーションと映像で構成する言説話法で補足します。インタビューの必要なところは、できれば取材相手を紹介してからつなぐように考えると、より説得力が増すでしょう。例えば、取材相手が仕事している風景を映像で見せながら、「○○の専門家である△△大学の□□教授は、こう指摘する」というようなナレーションを入れて、インタビューにつなげるということです。1つのシークエンス（意味のまとまり）の中で、直接話法・間接話法・言説話法の3種の場面が、バランスよく入っていることが大事です。

■ナレーションの書き方

すでに第4章で指摘したとおり、ナレーションには「投錨」と「中継」の2つの機能があります。「投錨」とは映像で示されるものを説明する機能、「中継」とは、前の場面を受けて次の場面へ誘導する機能です（73頁参照）。これらの機能は、文章の中では不可分の関係にあるので、両方の意味を含むような文章を書いていくのです。

ナレーションは1行19文字で4秒、または1行20文字で5秒と計算し、合計15秒～20秒ほどでまとめます。この中に、複数の主旨を入れてはいけません。1つのナレーションで言うべきことは、常に1つです。

また、映像の並び方とナレーションで並ぶ言葉が逆になっていたりするとわかりにくくなるので、主語と目的語を入れ替えるなどの方法で調整します。これを自在にこなすには、文章力を必要とします。1つの主旨を2通りにも3通りにも言い換えられるようでないと、映像の組み方に柔軟に対応できません。ただし、文章の前半と後半で「呼応の関係」や「主客の関係」がねじれたりしないようにしましょう。細かいところでいうと、助詞の「は」「が」「も」の使い分けも、意味を大幅に左右しますので、注意が必要です。

出版物と同様、基本的に日本語の文法を逸脱してはなりません。最近、「ある意味で」「その結果」などの副詞句を「ある意味」「結果」などと略すような話し方が耳につきますが、多くの人に見せたい作品であれば、文法的に誤った語法は避けましょう。「想像の斜め上」などの流行り言葉もNGです。もちろん、あえて口語調のモノローグを入れる場合は、そのかぎりではありません。

日本語の場合、「だ・である」調と「です・ます」調の2通りがありますので、語調をどちらかに統一します。そして、これに「体言止め」なども使って語尾が単調にならないよう工夫すると、リズム感のあるナレーションになります。

また、ナレーションは文章として読むわけではなく、耳で聞く文章です。同音異義語をなるべく避けること、耳慣れない専門用語は一度解説したうえで使うことなどに留意しましょう。なお、1文が長いと、ナレーションを読むのが難しくなります。1つのナレーションにつき、文を3つくらいに分けて書いたほうがよいでしょう。

#	V（映像）		A/N（音声／ナレーション）
01	〈大切な居場所〉	M04	（宮沢さんのテーマ・ピアノバージョン）
	二つのダンボールハウスを作る宮沢さん	Na	ここに寝泊りして1年になる宮沢徹雄さん。彼は今夜二つのダンボールハウスを準備した。一つは友人のためのものだ。
	宮沢さん、振り向いて	ON	彼は今日仕事なので、私が代わりに。
		Na	ここには、夜だけのささやかなコミュニティができている。
	食料運び込み	ON	こんばんは。
	配食の準備	Na	毎週金曜日、駐車場にボランティアの人々が食料を運び込む。宮沢さんも彼らとともに炊き出しの準備に参加している。
	支援者・楡原さん	ON	はい、はい、はい
	宮沢さん	ON	そんな、勝ち負けじゃないんだから 流れ作業は慣れてますから
	配食開始	Na	炊き出しは、お互いの安否の確認や情報交換など、野宿する人々にとっては貴重なコミュニケーションの場でもある。
	宮沢さん 高齢の女性に声をかける	ON	ばあちゃん、元気？　お久しぶり。
		M05	（メインテーマ・地下駐）
	お茶の準備	Na	都会のエアポケットのようなこの駐車場を人々は親しみを込めて「ちかちゅう」と呼ぶ。人生に転機をもたらした大切な場所だと、宮沢さんは言う。

図表 10-2　構成原稿の例（映画「渋谷ブランニューデイズ」より）

■シークエンスを区切る

　構成を書いていくときには、意味のまとまりに応じてシークエンスを区切ります。そのシークエンスのねらいを冒頭に書き込むと、素材の取捨選択や、ナレーションの方向性を見定めやすくなります。

　全部を書き終えたら、起承転結の流れになっているかどうかを確認し、バランスを調整します。10分程度の作品ならば、起・転・結は各1つのシークエンス、承は3つくらいのシークエンスで作るのが、適当だと思います。

3　編集

(1) 編集の技術

■ノンリニア編集のためのパソコン選び

　パソコンを使って行うノンリニア編集は、デッキtoデッキのリニア編集に比べると、かなり容易です。ただし、パソコンの基本操作を知らなければなりませんし、特にファイル管理についてはきちんと行わなければ混乱を招きます。

　ノンリニア編集に必要なものは、パソコン本体、モニター、スピーカー、そして編集用のアプリケーションソフトです。miniDVのカメラを使っている場合は、このほかにIEEE1394（i-LINK、FIREWIRE）のボードを、空きスロットに挿入する必要があります（DVテープ使用の場合）。

　パソコンで映像を扱うには、心臓部であるCPUの計算速度が速いほど快適です。特に、最近のカード型ビデオカメラで主流になっているAVCHDというフォーマットは、クアッドコア（インテルのiシリーズなど）のCPU（クロック周波数2.7～3.3GHz）でないと扱いが難しいので気をつけましょう。

　また、メモリは最低でも4G以上のを積んでいるほうがよいです。とはいえ、8G以上のメモリは、64ビット版のOSでないと使えません。

　ビデオを扱うグラフィックボードは、通常本体の基盤に付属していますが、その能力が低いとモニターで映像がうまく再生されないこともありますので、その場合は単体のグラフィックボードを空きスロットに挿入する必要があります。再生にはモニターの応答速度も関係しますので、なるべく応答速度の速い

ものを選びます。編集ソフトはGUI（操作画面）の文字が意外と小さいので、モニターは19〜24インチくらいの大きいものが適しています。

これらの条件を満たしたパソコンに編集ソフトをインストールすれば、編集のための準備は完了です。

■ノンリニア編集のプロセス

ノンリニア編集は、撮った素材のデータそれ自体を加工するものではありません。素材データを、編集ソフトの**プロジェクト**で参照し、どう切り取り、どうつなぎ、どんな文字や効果を入れるかなどを設計していきます。プロジェクトファイルは、いわば「レシピ」あるいは「設計図」です。このプロジェクトファイルの指示に従って、元のデータを別の動画ファイルとして出力するというのが、ノンリニア編集のおおまかな流れです。そのプロセスは以下のようになります。

①パソコンもしくはハードディスクに作業フォルダを作成する。
②ソフトを立ち上げ、プロジェクトに名前をつけて作業フォルダに保存する。
③mini DVの場合はカメラとパソコンをIEEE1394ケーブルで接続し、キャプチャ（動画の取り込み）を行う。このとき、キャプチャしたデータは必ず作業フォルダの中にまとめる、またはカード式の場合は、カードから作業フォルダにデータを移動する。
④ソフトのGUI（操作画面）を使って、プロジェクトを組んでいく。
⑤ソフトの出力機能を使って、完成データを作成する。このさい、mini DVの場合はテープに書き戻しすることもできる。DVDに焼く場合は、MPEG2のファイルとしてデータを作成する。YouTubeなどにアップロードする目的ならば、MPEG4やH.264などのフォーマットでデータを作成する。
⑥DVDに焼く場合は、DVD作成のソフトを使ってMPEG2のデータをVIDEO_TSとAUDIO_TSのフォルダからなるDVD形式のファイルに変換する。
⑦DVDに焼く場合は、DVD形式のファイルをDVD作成ソフトを使ってDVD-Rなどのディスクに書き込む。

第10章　ドキュメンタリーの構成　183

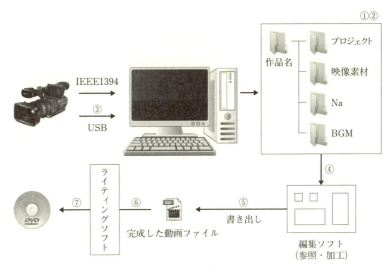

図表 10-3　ノンリニア編集とフォルダ管理　ノンリニア編集とは、テープやカードの映像データを動画ファイルとしてPCに読み込み、これを参照して別の動画ファイルを作成すること

　この中でも、②のフォルダを作る作業は特に重要です（図表 10-3）。元の映像データやプロジェクトファイルをあちこちに保存してしまわないように気をつけないと、混乱します。1つの作品を作るときは1つのフォルダに収めるようにし、さらに「映像素材」「テロップデータ」「音声データ」「静止画データ」などのフォルダを下位フォルダに作成し、使用するファイルを決めた場所に格納するようにしておくと混乱を防げます。

　いわゆる「編集作業」とは、上記の④のことを指します。有名な編集ソフトには、「Adobe Premiere」「Final Cut（Mac 専用）」「EDIUS」などがあります。美術・デザイン系の人には「Final Cut」、報道系の人々には「EDIUS」が人気です。もちろん、もっと簡易なソフトもいろいろ発売されています。ソフト選びは、マルチトラック編集ができるかどうかを基準にすればよいと思います。

　編集ソフトのGUIは、主に「モニター」「ビン」「タイムライン」「エフェクト」などのウインドウで構成されています（図表 10-4）。元のデータはビンウインドウで参照できますので、そこから素材を選びIN/OUT（開始点・終了点）を決めて、タイムラインにドラッグ＆ドロップして、編集を進めます。タイム

図表 10-4　ノンリニア編集のGUI

ライン上では、参照されたデータを切ったり、つなげたり、映像と音声を切り離したり、といった作業が自在にできます。また、映像素材とは別の音声素材を載せてミキシングしたり、テロップ文字を画面に入れたりといった作業ができます。

　タイムライン上に組んだ映像・音声は、カーソルをスクロールさせればモニターで確認できます。もちろん、編集結果を普通に再生することもできます。リニア編集全盛期は、ミキシングやテロップ挿入は別の専用機器を使わなければなりませんでしたが、現在はパソコンと編集ソフトによって、すべての作業ができるようになっています。テレビでも、映画でも、僕は特殊な機材を使っていません。ビデオカメラは業務用ですが、パソコンは多くの方が使っているものとたいして変わらないものです。つまり、放送クオリティのものが、今はパソコンで作れるのです。

　ただし、編集ソフトの詳細な操作法はそれぞれの商品によって異なります。そのすべてについて、本書で網羅的に述べることはできませんし、同じソフトでも新しいバージョンが次々と発売されますので、詳細は各ソフトの取扱説明書または教則本などを参考にしてください。

(2) ドキュメンタリー編集のコツ

■ シークエンス機能の活用

さて、編集作業においても、物語の流れを意識することは重要です。最近では、編集ソフトのタイムラインを複数作り、そのそれぞれを1つの映像クリップとして扱えるものが増えてきました。これを**シークエンス機能**といいますが、特に30分以上の長い尺の作品を作るときは重宝します。

なぜかというと、長尺の作品で部分的に細かい修正をすると、誤って全体のクリップをずらしてしまったりすることがよくあるからです。シークエンスごとに編集ができれば、部分的な修正をしても全体に影響が出ません。一度作った作品を再加工するさいも便利です。

また何より、プロットや構成上でのシークエンスをそのままタイムラインで区切れることが、作品全体の物語の流れを把握しやすくしてくれます。編集作業では、細かい点に意識が集中しがちなので、ソフトにシークエンス機能があれば、ぜひ活用したいものです。

■ 基本はカット編集

ノンリニア編集は、映像も音声もほしいままに加工できますが、ドキュメンタリーの編集では、あまり凝った作業は通常は必要がないと思います。個別の場面の編集では、カットによるつなぎを基本として、シンプルに作ったほうが自然で見やすい作品になります。

つなぎ方は、連辞撮影法と同じように、デクパージュの異なるショット群を条件的モンタージュの各パターンに沿って並べることを、基本とします。このさい、「方向の一致」の原則などはできるかぎり守りましょう。

ショットはなるべくフィックスから選ぶと、落ち着いた場面になります。パンニングは場面の始まりに使うと効果的で、ズームを使ったショットは強調したいときに使います。いずれも、その指示作用に注意して選びましょう。ただし、これらフィックス以外のショットは、続けて使わないほうが無難です。

場面の切り替わりには、フェードやワイプなどのエフェクトを使用することもできますが、基本的には前章で述べた「空舞台」のショットなどを使って、

カットつなぎで表現するようにします。例えば、場面の始まりは設定配列の「空舞台」などから入り、人物の行動などでモンタージュしたあとに、象徴性の強いショットで終わる、などの展開が効果的です。デクパージュの差異を活かしながら、統一感のある再現場面＝イストワールによって、ディスクールを表現できるよう工夫しましょう。

■ 話法によって基準の異なる尺調整

編集では、各ショットの尺をどう調節するかが重要です。ただし、これは場面の話法によって基準が異なってきます（図表10-5）。以下にそのコツを示します。

①直接話法　直接話法では、ようするに現実の出来事をリアルに再現することが目的ですから、重要なのは会話など「現場の音声」です。ですから、直接話法のコツは映像というより音声です。音声を基準にしてつないだときに、自然とデクパージュに差異があり、きれいにモンタージュができれば問題ありません。しかし、素材の映像と音声のタイミングにズレがあり、うまくつながらない場合は編集によって調整します。

この場合は、まず重要な音声を基準にショットを切ってつなぎます。例えば、2人の人物の「質問と応答」の間を削除し、自然なリズムでつなぎます。次にデクパージュの差異を調整します。会話の場合は、同じデクパージュで長回しになっている場合も多いので、同じ場面の設定配列のショットや、話を聞いてうなずいている側の人のショットなどをかぶせてモンタージュを行い、映像のリズムをなるべくデクパージュの視覚的原則に従った尺に調整します。こうすると、音声の意味が通りやすくなるとともに、映像にもリズムができます。

②間接話法　間接話法はインタビューですから、これも音声が基準になります。使いたい部分をピックアップし、そのまま15〜30秒くらいのまとまりで事がすむのであれば理想的です。しかし、ポイントとなる発言が分散している場合には、2〜3カ所の音声を1つにつなげます。

以前、テレビ報道ではこうしたつなぎ目にオーバーラップ（前のショットが

第10章　ドキュメンタリーの構成　187

直接話法	V2	（設定配列ショット）　←V1のショットに手振れがあるので設定配列のショットを挿入
	V1	（話者の映像）
	A1	現場音（セリフ）「…というわけで、この公園がお気に入りなんですよ」／「そうなんですか」
	A2	

現場の音声（A1）を基準につなぎ、素材の一部にNGがあったり、ショットが長すぎてしまう場合は、設定配列のショットをV2に入れてバランスを取る。A2にBGMを入れても可。同時に言葉を聞くことはできないので、Naを入れる場合は現場音を低くする。

間接話法	V1	（話者の映像）
	A1	「○○で、〜○○なんですよ」／「実はもう一つのポイントがありまして…」
	A2	

現場の音声（A1）の切れ目を基準につなぎ、話がつながるようにする。映像（V1）は同ポジ（ジャンプカット）になるが、一般的には許容されている。気になる場合は、「目のアップ」や「聞き手」のショットなどでつなぎ目を隠すとよい。

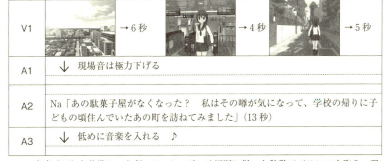

言説話法	V1	→6秒／→4秒／→5秒
	A1	↓　現場音は極力下げる
	A2	Na「あの駄菓子屋がなくなった？　私はその噂が気になって、学校の帰りに子どもの頃住んでいたあの町を訪ねてみました」（13秒）
	A3	↓　低めに音楽を入れる　♪

Naの音声（A2）を基準につなぎ、モンタージュは原則に従った秒数でバランスを取る。現場音（A1）の音量は極力下げるかミュート（消音）する。BGMを入れる（A3）のも一般的。

図表 10-5　話法別編集法　V1〜2は映像トラック、A1〜2は音声トラック、点線は音量を示す。

次第に消えるとともに次のショットが見えてくる効果）をかけるのが主流でしたが、現在では1カ所程度のつなぎ目はデクパージュに差異がなくてもそのままつながれることが多くなっています。つなぎ目を隠したいときは、目のアップや取材風景の設定配列などの補足的素材を使うことも方法の1つです。

　③言説話法　言説話法は、ナレーションの尺を基準にします。構成原稿のナレーションは、1つにつき15～20秒程度でまとめるのが原則なので、これを場面全体の尺の基準とし、内訳となるショットの尺の配分を決めていきます。例えば、「7秒の設定配列」+「3秒の限定配列」+「5秒の連関配列」で組み合わせると、ちょうど15秒になります。ナレーションの語順とショットで示す映像の順番は揃っていたほうが見やすいですが、逐語的に尺を合わせる必要はありません。ナレーション1つの主旨に対して、場面1つが対応すればよいので、場面そのものはデクパージュの視覚的原則に従ってつなぎます。つまり、この話法の場合は、全体としてはナレーションの尺に合わせつつ、各々のショットの尺は映像優先で考えたほうがよいのです。

　ただし、〈場面の尺＝ナレーションの尺〉というふうに組んでしまうと、ナレーションが聞きにくくなってしまいます。ナレーションを聞いて、理解するための間は最低でも10フレーム、長尺の作品なら1～2秒はほしいところなので、場面全体の尺はナレーションの尺＋1～2秒を目安と考えましょう。

　なお、BGMを入れる場合には、曲のフレーズに合わせた尺にすると、聞いていてスムースに感じます。

■テロップは背景の色を考慮する

　テロップの基本的な機能は「投錨」です。つまり、時間や場所、固有名詞などを示すためのものです。しかし、最近では専門用語や発言の強調など、さまざまな機能で利用されるようになりました。したがってテロップは、使う目的によって書体やエッジの色などを統一すると、見やすくなります。

　テロップの作成は、編集ソフトのGUIからテロップ編集画面を呼び出して行います。書体は、そのパソコンにインストールされているフォントに依存します。テロップを作成し、ファイルに名前をつけて保存すると、他の映像素材

と同じように使えます。テロップ用のトラックが用意されているソフトもあり、その場合は自動的にキーが調整されて、スーパーインポーズ状態で映像に合成されます。タイムライン上では、尺も自在に伸縮できます。

　注意したいのは、配色です。基本は〈白文字＋黒エッジ（もしくは影）〉で、比較的太目のフォントを選びます。このパターンであれば、どんな映像でもとりあえず見やすいテロップになります。活字媒体とは違って、テロップの背景には映像があります。映像はさまざまな色からできていますから、見やすいテロップは、文字そのものが明るい色（白や黄色）で、エッジや影が暗い色であるということを理解して使うようにしましょう。

　エッジに使う色は、黒の次に青が認識しやすい色です。そのほかの色も使おうと思えば使えますが、背景が森林ならば緑系のエッジでは目立たないし、背景が人の顔ではオレンジ系のエッジは目立ちません。黒や青以外の色を選ぶときは、背景との補色関係にあるものを選ぶようにしましょう。

■図版の文字はテロップで

　編集ソフトでは、デジカメで撮った写真やスキャンした書類などのほか、Adobe Illustrator などのドロー系ソフト、Adobe Photoshop などのペイント系ソフトで作られた画像ファイルも取り込むことができます。これらのファイルは、テロップファイルと同様に、タイムライン上では伸縮自在です。

　したがって、写真を映像と混在させて使ったり、クレジットにロゴを入れたり、テレビ報道のようなフリップを作成して挿入することもできます。

　ただし、元の画像に文字を入れることは避けたほうが無難です。フォントは画像ファイルとして圧縮されると、変換のプロセスで解像度が落ちてしまいます。したがって、画像と文字を組み合わせたいときは、下絵となる画像を取り込んで、文字をテロップで入れたほうがきれいです。

■意外と訓練が必要なナレーション

　マルチトラック編集の機能をもった編集ソフトなら、タイムライン上にメインのトラックに加えて、映像や音声のトラックを増やすことができます。この機能によって、映像素材にはない音声、すなわちナレーションや音楽をそれぞ

れ別のトラックに配置することができます。

編集ソフト「EDIUS」には、ボイスオーバー機能というものがあり、映像を見ながらナレーションを録音することができます。この機能を使うときは、USB オーディオキャプチャー機器とマイクを別途用意します。

こうした機能がない編集ソフトを使う場合は、パソコンのマイク端子を使用して録音したり、ビデオカメラで自画撮りをして、ナレーションの音声ファイルを作れば音声トラックに入れることができます。

ただし、ナレーションをきちんと読めるかどうかについては、かなり個人差があるかもしれません。日頃から対面の仕事、例えば教師や営業職などで話し慣れている人や、歌の上手な人は、わりとナレーションも上手です。ただ、やはり訓練を受けたプロとは違うので、素人ではかなわないところがあります。

「なるべく上手に」というところでアドバイスを書くとすれば、第1に滑舌、第2に発声がポイントといえるでしょう。

滑舌に関しては、子音をきちんと発音できているかどうかをチェックし、できるかぎりで矯正することです。日本人にありがちなのは、「サ行」を英語の「th」のように発音してしまい「タ行」と区別がつかない、あるいは「ラ行」が言えず「ア行」と区別がつかないといったパターンです。子音の矯正は、歯や舌の位置を直すことによって、いくぶん向上します。

発声に関しては、腹式呼吸で低音を出すようにすることが大事です。人間の声は、周波数の低い音成分が多いとよく聞こえます。腹式呼吸ができれば聞きやすい声になります。また、声の持続時間が延びるので、息切れが減ります。

楽器はすべて音を作る部分と、音を響かせる部分でできています。人間を楽器に喩えるならば、声帯や歯や舌は音を作る部分で、呼吸と口腔が音を響かせます。滑舌・発声を意識して、自分なりに練習するだけでも、喋り方に変化が出てくると思います。そのうえで、下記のようなポイントに留意すると、聞きやすいナレーションになるでしょう。

①「、」や「。」できちんと息を吸い、安定して息を吐いていく。
②文の最初の音をやや大きめにはっきり発音する
③語尾を少しゆっくり読む（「溜める」という）

■BGMはフレーズの冒頭かラストを使う

　ナレーションと同じように、タイムライン上に音楽を入れることもできます（図表10-6）。1つの曲のどこを選ぶかは、場面の位置づけによります。シークエンスの最初に入れるような場合は、曲の頭やフレーズの頭から入れ、フェードアウトして消えるように配置します。逆に、シークエンスの終わりに入れるような場合は、シークエンスの終わりと曲の終わりを尻で合わせ、前のほうはフェードインで入るようにします。ドキュメンタリーの場合、場面すべてに音楽を入れる必要はありません。物語上の大きく展開する場所に入れる、あるいはナレーションが多く、現場音が少ないところに入れると効果的です。

　ただし、著作権の問題には注意したほうがよいでしょう。発表形態にもよりますが、なるべく「著作権フリー」のCDやCreative Commonsの楽曲を使うほうがよいと思います。僕の場合は、知り合いのミュージシャンに頼んでオリジナルを作ってもらうこともありますし、自分で作曲してしまうこともあります。最近では、音符を書き込んでいくことでMIDIやWAVファイルができてしまう「記譜ソフト」や、ループ音源を組み合わせて作曲ができてしまうソフトもありますので、音楽好きの方はそういう楽しみ方を追求してみるのもよいでしょう。

■ミキシングは引き算

　さて、これらさまざまな音声素材は、タイムライン上のボリューム調整によって、ミキシングすることができます（図表10-7）。ミキシング機能が独立している編集ソフトもあります。ミキシングのさいは、話法に応じて主に聞かせたい音声を際立てます。直接話法・間接話法では現場の音、言説話法ではナレーションを立てます。しかし、このとき主たる音声の音量を上げるのではなく、ほかの音声を下げるようにします。

　ピークの0dBを超えると音が割れてしまいますので、主たる音声のピークを−6dBから−3dBあたりに抑え、それが聞こえるようにほかの音を下げるのです。つまり、ミキシングは、足し算ではなく引き算なのです。

　なお、雑踏の音などは、直接話法であっても低めにしたほうが無難です。

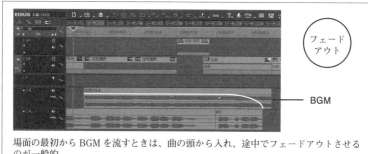

場面の最初からBGMを流すときは、曲の頭から入れ、途中でフェードアウトさせるのが一般的。

場面の最後にBGMを流すときは、フェードインさせ、場面の終わりとともに終わるようにするのが一般的。

図表10-6　BGMの使い方

図表10-7　ミキシング　上のタイムラインは「言説話法」で組み立てられている。この場合、主に聞かせたい音声はナレーションなので、音量は、①ナレーション　②音楽　③現場音　の順にしている。「直接話法」「間接話法」ならば現場音が主となるようミキシングする。特定のトラックの音量を上げるのではなく、主たる音声以外の音量を下げて、全体としてピークを越えないよう設定する。これらは場面ごとに調整する必要がある。

■出力は白素材と完パケで

　完成品の出力は AVI、MPEG2 などのファイル形式で行います。このとき、ナレーションやテロップの入っていない完成品を作っておくと、後日別の作品に利用したりする際に便利です。これを「**白素材**」といいます。ちなみに、完成品のことを映像業界では「**完パケ**」と呼びます。

　ハードディスクが一杯になってデータを捨てたい場合、テープを使っていれば元のテープがありますので、白素材と完パケができていれば、キャプチャした素材は削除しその他のファイルだけを、カード式の場合は素材ごと、ブルーレイディスクなどにバックアップするとよいでしょう。

　なお、プロジェクトファイルは参照リンクを利用した設計図ですから、素材ファイルを削除したり、移動した場合は機能しません。

4　試写・最終調整

■最後の「照合」

　作品を公に発表する前に、構成もしくは編集済みの作品を、取材相手にも見てもらいましょう。企画段階できちんと意見を交わしていれば、大きな問題が生じることはないと思いますが、人物や団体などの固有名詞や肩書き、紹介の仕方、プライバシーの保護など細かい点で意見が出るかもしれません。これらについては、基本的には相手の希望に沿うようにします。これが最後の「照合」になるので、大切なプロセスです。

■完成度は試写で磨く

　また、取材相手にかぎらず、周囲の友人などからも、内容について感想をもらうとよいと思います。面と向かって作者に意見する人はあまりいないかもしれませんが、「わかりにくい点があるかどうか」という点だけは、必ず聞き出したほうがよいでしょう。わかりやすいかどうかは、情報を示していく順番や、ナレーションの文言、場面の組み立てなどに起因します。わかりにくいと指摘された部分は、構成や編集のプロジェクトに立ち戻って、対策を検討します。改善すべき点がわかれば、修正したほうがよいでしょう。

テレビ報道では、オンエアの手続きに入る前に数回の試写を行い、意見を交わします。制作者は取材対象に関してさまざまな情報を持っています。そのために、視聴者の理解度を量りにくいのです。「事前情報なしにその作品を見たとき、どのように感じるか」という点は、第三者の声を頼りに量っていく必要があります。最初の編集はむしろ最終調整の始まりであると僕は考えています。

ちなみに、「渋谷ブランニューデイズ」は2011年から上映活動を始め、最初の何回かは観客の皆さんから感想文をいただきました。これを参考に、2012年のロードショーまでに4回の修正を行いました。この映画は製作委員会形式なので、製作過程でも、いろいろな意見を聞いています。

テレビの場合はプロデューサーがいて意見を言ってくれますが、自主制作の場合は関係者や観客が完成度を教えてくれるのです。作品への批判を自己に対する不当な評価として受け止め、不機嫌になってしまうアマチュア作家も多いですが、映像作品の本質はあくまでもコミュニケーションです。見てもらって、伝わって、はじめてそれは作品になるわけですから、第三者からの意見は謙虚に受け止めるべきだと思います。

5　公開

■公開の方法

作品の公開方法は、テレビ、劇場、ネット配信、上映会、DVD販売など、さまざまな形があります。通常、テレビでの公開は企画段階で決まっていますが、劇場公開はすべてが完成してから、劇場側に交渉していくことになります。この場合、宣伝費や試写会費など、制作費以外の費用が必要になります。

もっとも手軽なのは、インターネットを使って公開することです。これには費用はあまりかかりません。

■コミュニケーションの終着点

いずれにせよ、作品はなんらかの形で発表することに意義があり、それこそが映像によるコミュニケーションの終着点です。最初は、仲間内や関係者のイベントでの上映などでもよいので、少しずつ歩を進めるようにしていくとよい

と思います。そして、作品の発表こそが次の1歩につながるのです。

第11章 ボトムアップ報道の課題と展望

1 発表媒体の実態

(1) テレビ報道

■実績がものをいう現場

　僕自身の職歴でも明らかなように、テレビ報道の外注枠は、放送局の社員以外のクリエイターが作品を発表する場としても長らく機能してきました。もちろん、それぞれの番組にはそれぞれのコンセプトがあり、報道の目的に適う企画でなければ実現しませんが、決して敷居の高い場ではありません。映像制作の世界では、肩書きや立場はあまり関係がなく、実績がものをいいます。自主制作であれなんであれ、作品作りの経験と能力がある人は、制作プロダクションを通じてテレビ報道の任に就ける可能性があります。

　ただし、「人を売り込む」のではなく、あくまでも「企画を売り込む」ので、報道する価値のある目新しい企画を持っているのが条件です。そして、フリーランスの場合は企画ごとの契約になるので、安定収入になるかどうかは、現場との相性次第ということになるでしょう。

　VJUでも、設立当初から、初心者を育てて現場に投入するということを行ってきました。

■外注枠と予算の減少

　しかし、2008年のリーマン・ショック以来、広告収入の減った民放では外注枠を大幅に減らしており、制作プロダクションは対応に苦慮しています。また、枠によっては制作予算が従来の半分ほどに減少しているという話もあります。

企画を通せる可能性がまったくないわけではないのですが、気になるのはやはり予算です。映像制作の予算の多くは人件費ですから、予算が減ると取材期間も減らさざるをえなくなります。こういう状況では、たとえ企画が実現しても、作品の質は落ちてしまうでしょう。

(2) 劇場公開

■増える上映作品

一方、発表の場として有望になっているのが、劇場公開です。以前はフィルムしかかけられなかった劇場の多くが、DVDやブルーレイディスクに対応したこともあり、上映される作品の数は増えています。もちろん、ハリウッド映画が上映されるようなシネコンではなく、東京でいえば、ユーロスペース、アップリンク、ポレポレ座などのミニシアターです。現在、自主制作のドキュメンタリーを流すミニシアターは、全国に十数カ所あり、固定ファンもいるので、500人から数千人規模の観客に観てもらうことも、決して夢ではありません。「渋谷ブランニューデイズ」はアップリンクで上映してもらいました。

100万人規模の視聴者がいるテレビ報道に比べれば小さな場ですが、劇場では観客の生の反応も知ることができ、トークイベントなどの機会を通じて人脈も広がります。その意味では、個人作品の発表に適した場だと思います。

■少ない興行収入

ただし、そもそも今の映画館はシネコンも含めて入場者数が少ないので、興行収入には過度な期待ができません。制作者側はポスターやチラシなどの宣伝物を最低でも数千枚単位で印刷しなければならないので、それらの費用と上映収入はだいたい同じくらいとみてよいでしょう。

(3) 自主上映

■自主上映による発表

市民団体や教育機関などによる自主上映は、資金の回収には比較的確実な方法です。一般的に、上映活動は固定された上映権料の支払いによって行われており、動員数があまり収入に影響しないからです。「渋谷ブランニューデイズ」

も、全国の野宿者支援団体や法律家のグループ、大学などで上映活動が進んでおり、北は札幌、西は福岡まで、観客の輪を広げることができました（図表11-1）。上映を通じて多くの方々と出会い、ホームレス問題についての議論も深まったので、よい形で発表できました。

図表11-1 「渋谷ブランニューデイズ」の上映会

■上映活動の鍵はネットワーク

ただし、自主上映を成功させるためには、作品の内容と関係する諸団体との結びつきが重要です。「渋谷ブランニューデイズ」の場合は、企画段階から製作委員会を組織して取り組みました。その結果、上映主催団体への呼びかけがスムースに進んだのです。取材で知り合った人々を通じて、どのように作品への支持をとりつけていけるかが、自主上映成功の鍵を握っているといえるでしょう。

(4) インターネット

■合わせ技で手軽に発表

インターネットでの発表はもっとも手軽な方法です。YouTubeへのアップロードのほか、U Streamやニコニコ動画の生放送、ブログへの貼り付けなど、さまざまな方法があります。VJUでは、オリジナルサイト「DROPOUT TV ONLINE」に動画を集約して、野宿者問題のニュースなどを配信していますが、生放送と動画を組み合わせて配信している団体もあります。全国の組合活動から生まれた「レイバーネットTV」や、独立系メディア「OUR PLANET TV」の配信では、生放送の中に動画が入り、さながらテレビ報道を見るようです。大飯原発再稼動で注目された「IWJ」などは、抗議行動の現場からの生放送を実現しました。

こうした活動は、テレビ報道のディスクールに対してたしかな異化作用を持っており、社会を憂える市民たちにとって、次第に欠かせない存在になってき

図表 11-2　ビデオアクトカタログ

たように思います。もちろん、これらの発表形式は存在を知られなければ見られることもないので、twitterやメーリングリストなどのツールと合わせ技で発表されています。リンクを貼ったり、コピー＆ペーストで簡単に情報を広げられるインターネットは、ボトムアップ報道に大きく役立っています。

■難しい資金回収

ただし、インターネットでの作品発表は、今のところ必ずしも直接的な資金回収には結びつきません。特にテレビが無料視聴できる日本では、報道的な内容にお金を払うという習慣が根づいていませんから、有料での動画視聴はなかなか構築しにくいというのが現状です。動画そのものよりも、活動への支援カンパを集めるようなやり方のほうが、有効かもしれません。

(5) DVD販売

作品をDVDで販売するのも、発表形式の1つです。資金回収と同時に発表ができるわけですから、その意味では効率的かもしれません。VJUでもたくさんのDVDを販売しています。販路の1つとしては、自主制作作品の流通を目指して作られている「ビデオアクトカタログ」があります（図表11-2）。これは、隔年で印刷され、図書館や教育機関に無償配布されています。自主制作されたDVDの宣伝に大きな役割をはたしてきたといえるでしょう。

ただし、主宰者の土屋豊さんによれば、販売実績は年々下がっているとのことです。これは、大学図書館など、教育機関関係の組織における予算削減が原因だと思われます。

2 資金と支援体制

(1) 困難な資金づくり

■多角化せざるをえない制作事業

　こうした状況の中で、各団体とも多角的な方法の駆使と、資金作りを余儀なくされています。個人レベルでもまったく同じで、「作っていれば、生活ができる」という環境を維持するのはかなり難しいのが現状です。

　学生の方などは「放送局に勤めればよい」と思うかもしれません。しかし、放送局の社員は高給ではありますが、サラリーマンなので人事異動もあります。ディレクターとして現場に出るという時期は出世街道の一幕にすぎず、報道に関わっていた人が経理担当になったり、広報に異動するといった例もあるのです。また、時間とノルマに追われる取材活動は必ずしも質のよいものにはならないでしょう。下請けのプロダクションも何をかいわんやで、若い人を採用して育てる余裕はあまりないと思われます。

　ドキュメンタリー制作を生涯の職業とすることは、現在とても困難です。少なくとも個人としての制作者は皆、景気の動向に左右されやすい、弱い立場にあるといえるでしょう。

■助成金

　日本では、ほかの先進国と比べて映像制作に関する助成金や補助金の制度がほとんどないという問題もあります。映像制作者の間では、日本芸術文化振興会の助成金がよく利用されていますが、これは申し込みの手続きも煩雑で、助成決定しても完成してからでないと資金をもらえません。あくまでも、自己資金で制作することを前提とした助成金なのです。したがって、企画段階で資金調達を見込めなければ申請できません。また、申請には実績が重視されるので、初心者が申し込むことはなかなかできません。はなはだ使いにくい制度であるといわざるをえません。

　つまり日本では、文化的事業という位置づけにおいても映像制作は決して尊

重されているとはいえず、自主制作活動を育てる土壌がありません。

(2) 市民が支える自主制作

■市民の力

このような環境の中では、単に一握りの制作者の踏ん張りだけでメディア・リテラシーが進展するのはなかなか難しいです。最後の頼みの綱となるのは、やはり意識ある市民の力なのではないかと僕は思います。テレビ報道を批判するだけでなく、ボトムアップの姿勢で作られた作品を観に行くこと、ネット上の動画を広めること、上映会を開くなど、市民たちの積極的な関わりが、制作者の大きな支えになります。作品を作るのが制作者ならば、制作者を育てるのは観客です。既存のメディアを越えるメディア・リテラシーの取り組みは、そうしたコミュニケーションとして新たに作り出していかなければならないでしょう。制作者と観客としての市民は、時代を切り拓く同志的な関係にあると思います。

■観客にとってのメディア・リテラシー

したがって、映像メディアを見る目が、広く一般的に養われることがとても大事です。市民の批判眼が鋭くなれば、制作者は正しい努力をするはずです。その結果として、よい作品が世に出るようになるでしょう。また、より多くの人が制作にかかる手間や時間について知れば、映像作りのコストについても正しい理解が広まります。資金援助の土壌ができれば、制作者はより作りやすい環境を手に入れることができるでしょう。

結局、メディアを変えていくことは社会を変えていくことであり、そのための努力は皆がシェアしていかなければならないのだと思います。

3　教育の場

■メディア・リテラシーの位置づけ

映像作りを学ぶ機会をどう社会の中に作っていくべきなのかという点も課題の1つです。もちろん、映画学校や専門学校などには一定の教育の枠組みがあ

りますが、そうした場に足を踏み入れるのはごく少数の制作者志望の人々です。ハリウッドのように分業して劇映画を作るとか、時間をかけてドキュメンタリーを作るとか、貴重な経験はいろいろできるでしょう。ただ、そんな専門的な課程は、一般的な人々にとっては少々過大です。

　本書で縷々述べてきたように、個人制作が可能になった昨今では、もっと大づかみに、個人の表現としての映像作りを学ぶことも可能です。こうしたカリキュラムを通じて、映像メディアはもっと一般教養的な課程で学ばれるべきだと僕は思います。それは、例えば英語や国語を学ぶように、ということです。

　その意味では、高校や大学のカリキュラムの中にメディア・リテラシーが位置づけられるのが一番よいのではないかと思います。もちろん、義務教育の中にあってもよいのですけれど、大切なのはほかの授業、国語や英語や、社会や理科、あるいは美術の授業などとの連携をとることではないでしょうか。

　例えば、国語や英語の文法と映像表現を比べてみるとか、社会や理科のレポートを映像で作るなどの授業も構築できるでしょう。もちろん美術は隣接分野なので、視覚的なメッセージの1つとして映像を扱うことができるはずです。大学教育であれば、社会学や記号学などとの連携が、双方の理解を深めるだろうと思うのです。

■ 映像メディア教育への誤解

　ところが日本の教育機関の中には、映像メディアを学ぶ教育が「機材を使った実習授業」、すなわち「教育工学」になってしまっている例が多いという印象を受けます。もっと具体的にいうと「機材の使い方を学ぶ延長で作品作りができる」と誤解されているふしがあります。すでに述べたように、これは技術系専門学校や市民団体の主催するビデオ講座などにも共通した傾向です。その背景になっているのは、「映像作りは技術と感覚だ」という考え方です。これはどちらかといえば美術を捉える発想に近く、ようするに機械を使った芸術表現だと思われているということなのです。

　しかし、美術と映像には共通点があるものの、映像は言語学的には文章に似た連辞的構造を持っていますから、その点を美術的に、あるいは感覚的に捉えるのはアプローチとして誤りです。また、技術はあくまでも制作の手段であっ

て、技術を出発点に制作はできません。ですから「技術と感覚」という発想では、物語を捉えることはできないのです。現在のメディア教育の趨勢は、残念ながらメディア・リテラシーの矮小化といえるでしょう。

■学ぶ人にとってのメディア・リテラシー
　そして、こうした体制のもとでの教育は、結局「技術を学べ、あとは自分で考えろ」となるのです。これは喩えていえば、英語を知らない子どもにタイプライターを与えて「英語で手紙を書け」といっているのと同じです。
　もちろん中には器用な学生がいて、テレビなどを真似て、それなりに作品を作ってしまう場合もあります。そういう学生は「センスがある」と評価され、そうでない学生は、「なんでできないの？」と詰問されることになります。
　しかし、いくら映像メッセージが蔓延しているといっても、一視聴者だった人が、単に技術だけ学んで作品を作れるはずはありません。それに、そもそも分業体制で作られてきた映像作品を、そう簡単に１人で作れるはずもありません。彼らが作れない理由は簡単です。教えられるべきことを教えられていないからです。
　「教えられるべきこと」とは、もちろん物語作りです。本書で述べたように、物語を構築するプロセスを学ばなければ、作品ができないのは当然です。
　映像メディアを学問的に捉えれば、教材は無尽蔵にあります。高尚な映画を観るような授業より、学生たちが日頃触れている映像をそのまま読み解く授業のほうが、ずっと彼らのモチベーションを高めます。僕の授業では、学生たちの分析の素材を、彼ら自身に自由に選んでもらいます。ですから、授業で流れる映像は「ケロロ軍曹」や「AKB48のライブ」あるいは「北川景子主演のドラマ」だったりします。映画やドラマの再現実習でも、学生たちは自分の好きなものを選んできて、脚本を再現し、配役を決め、持ち回りで監督を務めます。
　学生たちにとっては「身近な作品だったのに、知らなかったことがわかった」ということが大きな発見であり、自分自身の目で作品を分析する目が養われます。さらにこれが、「オリジナルの作品も作ってみたい」という動機につながるのです。
　映像メディアの教育をきちんと位置づけていくには、単一の「映像制作」と

いうような授業にすべてを任せるのではなくて、大学であれば学部単位で授業編成を考えるべきです。そして、映画理論や記号学、社会学、美術といった関連分野の授業が認識の視座を与え、それが「映像制作」につながる流れを作らなければならないでしょう。教育における「技術と感覚」の枠組みから「制作と技術」の枠組みへの転換、そして映像研究の学際的な位置づけを、僕は切に願っています。

参考文献

アダン，ジャン＝ミシェル（末松壽、佐藤正年訳）『物語論：プロップからエーコまで』白水社、2004年。
新井一『映画テレビシナリオの技術』ダヴィッド社、1992年。
アルチュセール，ルイほか『アルチュセールの〈イデオロギー〉論』三交社、1993年。
井上泰浩『メディア・リテラシー：媒体と情報の構造学』日本評論社、2004年。
岩田正美『ホームレス/現代社会/福祉国家：「生きていく場所」をめぐって』明石書店、2000年。
岩本憲児・波多野哲朗『映画理論集成』フィルムアート社、1982年。
ウィリアムスン，ジュディス（山崎カヲル・三神弘子訳）『広告の記号論：記号生成過程とイデオロギー』拓植書房、1985年。
内田隆三『テレビCMを読み解く』講談社、1997年。
エプストン，デイヴィッド（小森康永監訳）『ナラティヴ・セラピーの冒険』創元社、2005年。
大塚英志『物語の命題：6つのテーマでつくるストーリー講座』アスキー・メディアワークス、2010年。
――『ストーリーメーカー：創作のための物語論』アスキー・メディアワークス、2008年。
岡田晋『映画学から映像学へ：戦後映画理論の系譜』九州大学出版会、1987年。
オーモン，J.、ベルガラ，A.、マリー，M.、ヴェルネ，M.（武田潔訳）『映画理論講義：映像の理解と探究のために』勁草書房、2000年。
オンタリオ州教育省（FCT（市民のテレビの会）訳）『メディア・リテラシー：マスメディアを読み解く』リベルタ出版、1992年。
カラー，ジョナサン（荒木映子・富山太佳夫訳）『文学理論』岩波書店、2011年。
クリステヴァ，ジュリア（中沢新一ほか訳）『記号の生成論：セメイオチケ2』せりか書房、1984年。
ゴールドバーグ，マイケル（森岡祥倫訳）『マイケルさんのVideo in & out vol.1』ダゲレオ出版、1989年。
サイード，エドワード・W.（中野真紀子・早尾貴紀共訳）『戦争とプロパガンダ』みすず書房、2002年。
ザイヴァート，ローター・J.、キュステンマッハー，ヴェルナー・ティキ（小川捷子訳）『すべては「単純に！」でうまくいく』飛鳥新社、2003年。
桜井厚『インタビューの社会学：ライフストーリーの聞き方』せりか書房、2002年。
桜井哲夫『TV魔法のメディア』筑摩書房、1994年。
佐野山寛太『人間縮小の原理：メディアの新理解』洋泉社、1988年。

ジュネット，ジェラール（和泉涼一・青柳悦子訳）『物語の詩学：続・物語のディスクール』水声社、1985年。
――（和泉涼一・尾河直哉訳）『フィクションとディクション：ジャンル・物語論・文体』水声社、2004年。
――（花輪光・和泉涼一訳）『物語のディスクール』水声社、1985年。
旬報社・賃社編集室・労働旬報社『賃金と社会保障』旬報社、2012年、No.1566、7月下旬号。
白石草『ビデオカメラでいこう：ゼロから始めるドキュメンタリー制作』七つ森書館、2008年。
スタム，ロバート、バーゴイン，ロバート、フリッタマンルイス，サンディ（丸山修・エクリントンみか、深谷公宣、森野聡子訳）『映画記号論入門』松柏社、2006年。
生活保護問題対策全国会議『間違いだらけの生活保護バッシング：Q&Aでわかる生活保護の誤解と利用者の実像』明石書店、2012年。
ソルソ，ロバート・L.（鈴木光太郎・小林哲生共訳）『脳は絵をどのように理解するか：絵画の認知科学』新曜社、1997年。
竹内オサム『子どもマンガの巨人たち：楽天から手塚まで』三一書房、1995年。
玉木明『言語としてのニュー・ジャーナリズム』学芸書林、1992年。
津田正夫・平塚千尋『パブリック・アクセス：市民が作るメディア』リベルタ出版、1998年。
津田正夫『テレビジャーナリズムの現在：市民との共生は可能か』現代書館、1991年。
中野収『気になる人のための記号論入門　ゴマセレクト49』ごま書房、1984年。
夏目房之介『手塚治虫の冒険：戦後マンガの神々』筑摩書房、1995年。
林英夫『安心報道：大震災と神戸児童殺傷事件をめぐって』集英社、2000年。
バルト，ロラン（沢崎浩平訳）『第三の意味：映像と演劇と音楽と』みすず書房、1984年。
――（篠沢秀夫訳）『神話作用』現代思潮社、1967年。
――（花輪光訳）『物語の構造分析』みすず書房、1979年。
フィスク，J.、ハートレー，J.（池村六郎訳）『テレビを〈読む〉』未來社、1991年。
フーコー，ミシェル（豊崎光一・清水正訳）『これはパイプではない』哲学書房、1986年。
ホイッタカー，ロッド（池田博・横川真顕訳）『映画の言語』法政大学出版局、1983年。
ボードリヤール，ジャン（塚原史訳）『湾岸戦争は起こらなかった』紀伊國屋書店、1991年。
――（今村仁司・塚原史訳）『象徴交換と死』筑摩書房、1982年。
――（竹原あき子訳）『シミュラークルとシミュレーション』法政大学出版局、1984年。
丸山圭三郎『ソシュールを読む』講談社、1983年。
民衆のメディア連絡会『市民メディア入門：あなたが発信者！』創風社出版、1996年。
亘明志『記号論と社会学』ハーベスト社、2004年。

おわりに 未来の映像メディアのために

　僕は過去25年間かかって、自主制作を試行錯誤し、ビデオジャーナリズムを構築し、テレビ報道と取っ組み合って、なんとかドキュメンタリーの劇場公開をはたすところまでできました。こうして映像ジャーナリズムの世界を1周してみてつくづく思うことは、やはり映像メッセージは社会的なものだということです。

　企画を作ること、取材を進めること、議論しながら物語を構築すること、観せること、ネットワークを作ること——映像制作に関わるすべてのことは、社会的な関係の中にあるのです。

　最初にビデオを始めたとき、もしかしたら僕は人とのつながりの大切さをわかっていなかったかもしれません。それどころか、現場での自己開示や傾聴といった個人的なコミュニケーションさえ、できていなかったかもしれません。

　そんな僕を育ててくれたのは、膨大な数の取材相手であり、たくさんの先輩や仲間であり、そして多くの視聴者・観客の声援だったと思います。その意味で、個人制作とは単なる自己表出としての表現とは明らかに異なるものだと痛感します。僕の人生にとって、それを知ったというだけでも、映像作りを始めた意味がありました。ドキュメンタリーを作るということは、現実に介在していくことであり、人々とともに闘っていくことなのです。

　本書は、そんな僕のドキュメンタリー観とワークフローを、学問的な視座を借りつつ文章化したものです。映像を感覚で捉えている方は、理屈っぽい話は必要ないと思うかもしれません。

　ただ、映像作りを志す弟子たちや学生たちの顔を見るとき、単に「好きなようにやればいいんだ」と無責任な発言をする気にはなれません。何より、右も左もわからず、ときには隘路に迷い込んだ若いころの自分を思い出すからです。映像作りを始めたころの過去の自分に、現在の自分はどう教えるだろうと、いつも考えてきました。そして、押し付けの自慢話や説教ではなくて、学ぶ本人

が自分で判断できるように教えるのが僕の流儀です。そのためには、判断の基準を言語化する作業がどうしても必要でした。制作活動のかたわら、この取り組みに僕はほぼ10年の月日を費やしました。ずいぶん時間がかかりましたが、経験に裏打ちされた理論だという点においては、それなりの自信もあります。

ですから、映像制作を志す方のみならず、ドキュメンタリー好きの方、僕と同じように映像制作を教えている方にもぜひ読んでいただきたいと思って書きました。そして、なんらかの疑問点や反論などがあれば、ともに語り合いたいと思うのです。特にドキュメンタリーへの物語理論の適用は、まだまだ試行錯誤の段階です。むしろこの本の上梓をきっかけに、議論を喚起したいとの思いがあります。

とはいえ、本書の書き方には迷いもありました。論文のように原典の引用を主とするべきか、経験を軸にするか等です。そんなとき、勁草書房の担当編集者・鈴木クニエさんから「いつもの授業のように書いてもらえればいいんですよ」と言われて、すっと肩から力が抜けました。そして、今まで教えてきた弟子や学生たちの顔を思い浮かべ、1人称を「僕」にして書いてみたら、言葉がすらすら出てきます。学者の真似をしたり、孤高のクリエイターを気取るより、「ちょっと経験のある先輩」という「いつもの」スタンスが、僕にはやはり似合っていました。さすがはプロの編集者です。

僕は常に「作品が未来を拓く」と信じて生きてきましたが、鈴木さんとの出会いもまた、映画「渋谷ブランニューデイズ」のロードショーがきっかけでした。本書の出版が、さらなる可能性を拓くことを切に願います。

最後になりましたが、今まで映像作家としての僕を導き、支えてくださった皆さんと、制作活動をともにしたすべての仲間たち、教え子たちに、心からの感謝を述べ、あとがきに代えたいと思います。

2013年4月

遠藤大輔

索引

ア 行
アルチュセール，ルイ　107
アングル　50, 60
イストワール（物語内容）　82, 87, 101, 107, 123, 124, 128, 142
位置　68
位置の一致　67
イディオム・シューティング　→連辞撮影法
移動　68
イベント収録　172
イマジナリーライン（想定線）　67
意味の移転　94
インタビュー　134, 169, 170
映画的象徴／対比　40, 48
映画文法　25, 35
映画理論　23
エイゼンシュテイン，セルゲイ　38, 47
エニアグラム　147

カ 行
会話　68
語り手　81
カットバック　70
カメラステータス　154
カメラポジション　50
カメラワーク　62-65
監督　→ディレクター
完パケ　193
企画書　123-125
企画作り　123
記号内容（シニフィエ）　45, 73
記号表現（シニフィアン）　45
記号論　24, 55, 58
記者クラブ制度　2
起承転結　83, 86, 101, 143
逆相化　4, 107, 114, 115, 118
境界　78, 80, 105

グリフィス，デビッド・W.　39, 70
クレーン　64
クレショフとプドフキンの実験　40
グレマス，アルジルダス・J.　80
訓化　32, 51, 165
限定配列（Limited Diction）　56, 58, 59
構図　60
構成　115, 177
構成台本　77
コード化　46
古典理論　39, 42, 43, 48
コノテーション　45
コミック　49

サ 行
作業内記憶（ワーキングメモリ）　164
サンタグム（統辞）　25, 33
シークエンス　32
時制　81
「渋谷ブランニューデイズ」　15, 103, 140, 149
絞り　64
シニフィエ　→記号内容
シニフィアン　→記号表現
シミュラークル　107, 110, 113
「市民ケーン」　95
尺　52, 186
周辺機材　152
取材計画　149
取材交渉　150
ジュネット，ジュラール　81
照合　122, 128, 146, 150, 193
象徴　42, 49
焦点化　82, 144
ショット　32
ショットサイズ　33, 39, 42, 58
ショットリスト　176
白素材　193

人物機能　80, 85, 86, 102
神話　46
神話系　83, 86, 91, 109
シーン　→場面
ズーム　63
スクリプト　177
設定配列（Establishing Diction）　55, 58, 59
「戦艦ポチョムキン」　38, 70, 72, 93
想定線　→イマジナリーライン
素材リスト　175

タ行

対比　42, 48, 49
大連辞系列　53, 65
チャンク（塊）　164
中継　73, 74, 108
ディエジェーズ（物語世界）　90, 91
ディスクール（物語言説）　82, 86-88, 101, 107, 123, 124, 128, 142
ティルティング　62
ディレクター（監督）　i, 113, 115
デクパージュ　66, 95
デクパージュ・モデル　55, 163
デノテーション　45
動画配信　15, 16
動作　68
統辞　→サンタグム
投錨　73, 74, 108, 188
同ポジ　66, 69
トーキー　73
独立的モンタージュ　68, 70
トラッキング　64
ドリー　64
撮れ高（素材の過不足）　177
DROPOUT TV ONLINE　15, 199

ナ行

ナラティブ　77
ナラティブの展開型　103
ナレーション　189

ハ行

バザン，アンドレ　95, 166
発表ジャーナリズム　2

場面　77
パラダイム（範列）　25, 33
バルト，ロラン　46
パンニング　62
範列　→パラダイム
ヒアリング　127, 128, 134, 144, 170
BGM　191
被写体配置（ミザンセヌ）　58, 60, 100
ビデオアクティビズム　12
ビデオジャーナリスト（VJ）　i, 13, 157
ビデオジャーナリストユニオン（VJU）　13
フィスクとハートレー　107
フィックス　62
フォーカス・アウト　64
フォーカス・イン　64
フォロー　64
プロジェクト　182
プロット　83, 85, 115, 124, 142, 144, 177
プロップ，ウラジミール　78
プロデューサー　112-114
方向の一致　67, 69, 167
ボードリヤール，ジャン　107

マ行

見た目　68
ミザンセヌ　→被写体配置
メッツ，クリスティアン　42, 65
メディアアクティビスト　6
メディア・リテラシー　ii, 5, 19
メリエス，ジョルジュ　37
物語　24, 32
物語学　→物語論
物語言説　→ディスクール
物語言表　→レシ
物語構造　24
物語叙述　→ナラティブ
物語世界　→ディエジェーズ
物語内容　→イストワール
物語の不在　17, 18
物語理論（物語学）　24
モンタージュ　33, 40, 42, 65, 68, 96

ラ行

ライフヒストリー　133

リアリズム　95, 96
リュミエール兄弟　35
レシ（物語言表）　25
連関配列（Related Diction）　56, 58, 59
連辞　48
連辞撮影法（イディオム・シューティング）
　162

レンズワーク　64
「ロープ」　95
ロケハン　139

ワ 行
話法　74, 98, 99, 186
ワンマンオペレート　151

著者略歴

1966年、東京生まれ。ビデオジャーナリスト。早稲田大学政経学部卒業。フリーランサーの映像カメラマンとして従事するかたわら、自主制作でドキュメンタリー作りに取り組む。野宿する人々のためのコミュニティテレビ「新宿路上TV」でビデオジャーナリストの方法論を確立。1999年、合資会社ビデオジャーナリストユニオン（VJU）を設立し、日本テレビ、フジテレビの報道特集を多数手がける。主なフィールドは野宿者問題、環境問題、パレスチナ問題、医療問題など。1999～2002年実践女子短期大学非常勤講師、2002年より東京経済大学非常勤講師を務め、教育の場でも実績がある。自主制作作品では、「新宿路上TV」（1995～1998／東京ビデオフェスティバル・ビデオ活動賞）「Dialogue in Palestine」（2002／東京ビデオフェスティバル・優秀作品賞）、「渋谷ブランニューデイズ」（2011/貧困ジャーナリズム大賞・特別賞）などの受賞歴を持つ。

ドキュメンタリーの語り方
ボトムアップの映像論

2013年5月20日　第1版第1刷発行

著　者　遠　藤　大　輔
発行者　井　村　寿　人

発行所　株式会社　勁　草　書　房
112-0005 東京都文京区水道2-1-1　振替 00150-2-175253
（編集）電話 03-3815-5277／FAX 03-3814-6968
（営業）電話 03-3814-6861／FAX 03-3814-6854
堀内印刷所・中永製本所

ⓒENDO Daisuke　2013

ISBN978-4-326-80054-4　Printed in Japan

JCOPY ＜(株)出版者著作権管理機構　委託出版物＞
本書の無断複写は著作権法上での例外を除き禁じられています。複写される場合は、そのつど事前に、(株)出版者著作権管理機構（電話 03-3513-6969、FAX 03-3513-6979、e-mail: info@jcopy.or.jp）の許諾を得てください。

＊落丁本・乱丁本はお取替いたします。
http://www.keisoshobo.co.jp

J. オーモン・A. ベルガラ ほか
武田　潔 訳
映 画 理 論 講 義
映像の理解と探求のために

A 5 判／6,300円
ISBN978-4-326-80043-8

V. フルッサー
深川雅文 訳　室井　尚 解説
写 真 の 哲 学 の た め に
テクノロジーとヴィジュアルカルチャー

四六判／3,150円
ISBN978-4-326-15340-4

水島久光
閉 じ つ つ 開 か れ る 世 界
メディア研究の方法序説

A 5 判／3,150円
ISBN978-4-326-60175-2

萩原　滋 編著
テ レ ビ ニ ュ ー ス の 世 界 像
外国関連報道が構築するリアリティ

A 5 判／3,675円
ISBN978-4-326-60207-0

金山　勉・金山智子
や さ し い マ ス コ ミ 入 門
発信する市民への手引き

四六判／2,520円
ISBN978-4-326-65303-4

大井浩一
メディアは知識人をどう使ったか
戦後「論壇」の出発

四六判／2,520円
ISBN978-4-326-65289-1

武田　徹
ジャーナリストは「日常」をどう切り取ればいいのか

四六判／2,205円
ISBN978-4-326-65144-3

野口裕二 編
ナ ラ テ ィ ヴ ・ ア プ ロ ー チ

四六判／2,940円
ISBN978-4-326-65340-9

——— 勁草書房刊

表示価格（消費税を含む）は，2013年5月現在．